Marlisa Szwillus

Cholesterinarm genießen

Das überzeugende Ernährungsprogramm
zur Senkung der Blutfettwerte

südwest

Inhalt

Cholesterin –
in aller Munde

Ist von Gesundheit die Rede, fällt unter Garantie auch das Stichwort Cholesterin. Denn weit über 50 Prozent aller Erwachsenen in Deutschland haben damit ein Problem. Zudem löst die fettähnliche Substanz seit Jahrzehnten in der Wissenschaft wie in den Medien heftige und widersprüchliche Diskussionen aus.

Wurde beim Gesundheitscheck ein erhöhter Cholesterinwert festgestellt oder hatte jemand gerade einen Infarkt, kommen Gesundheitsbewusste am Thema Cholesterin nicht vorbei. Auf den folgenden Seiten erfahren Sie Wissenswertes rund ums Cholesterin, welche Risikofaktoren eine Rolle

spielen und was Sie aktiv tun können, um Ihre Gefäße möglichst lange jung zu halten und sich so vor Herz-Kreislauf-Krankheiten zu schützen.

Fakten und Zahlen

Die Herz-Kreislauf-Erkrankungen entwickeln sich dramatisch: In Deutschland sind sie mit Abstand die Todesursache Nummer 1! Nahezu jeder zweite Deutsche – Männer wie Frauen – stirbt an den Folgekrankheiten der Arteriosklerose. In den meisten westlichen Industrieländern ist die Entstehung dieser Krankheiten eng mit der heutigen Lebensweise, vor allem auch mit einer falschen, zu fetten Ernährung verknüpft.

Was ist Cholesterin?

Cholesterin ist eine fettähnliche Substanz, die in allen menschlichen und tierischen Zellen vorkommt. Unser Bedarf an Cholesterin wird durch die körpereigene Produktion in der Leber gedeckt. Mit der Nahrung nehmen wir täglich zusätzlich Cholesterin auf, und zwar ausschließlich durch tierische Nahrungsmittel. Besonders

Zu viel, zu süß und vor allem zu fett: So sehen die heutigen typischen Ernährungsgewohnheiten aus.

cholesterinreich sind Innereien, Eigelb, Kaviar, Austern, Garnelen, Schlagsahne, fetter Käse sowie fette Fleisch- und Wurstwaren.

Wofür braucht der Körper Cholesterin?

Cholesterin ist nicht nur eine Substanz, die Schaden anrichten kann, es erfüllt im Organismus auch eine Reihe lebensnotwendiger Aufgaben. Zum Beispiel:

■ Als Bestandteil jeder Zelle reguliert Cholesterin die Stabilität der Zellwände sowie den Transport von Nährstoffen durch die Zellwand.

■ Cholesterin ist an der Herstellung etlicher Hormone beteiligt.

■ Mit Hilfe des Cholesterins wird eine Vorstufe für das Vitamin D gebildet, das die Knochen stärkt.

■ Cholesterin ist ein Bestandteil der Gallensäuren, die die Fettverdauung fördern.

Einblick in den Fettstoffwechsel

Weil Cholesterin wie alle Lipide (Fette) weder wasser- noch blutlöslich ist, muss es ein spezielles Transportsystem benutzen. Das sind Fett-Eiweiß-Hüllen, so genannte Lipoproteine (Lipo = Fett, Protein = Eiweiß). Zusammen können sie im Blut jede Zelle des

Körpers erreichen. Je nach Zusammensetzung des jeweiligen Anteils an Lipiden und Eiweiß haben diese Hüllen unterschiedliche Bezeichnungen. Die beiden wichtigsten sind das LDL und das HDL.

■ **LDL-Lipoproteine**
LDL bedeutet »Low Density Lipoproteins«. Das sind große Partikel aus wenig Eiweiß und viel Fett. Diese Lipoproteine transportieren Triglyceride (Neutralfette) und Cholesterin von der Leber zu den Zellen, in denen sie benötigt werden. Cholesterin, das im LDL-Lipoprotein befördert wird, nennt man LDL-Cholesterin. Weil dieses einen Beitrag zur Entstehung von Arteriosklerose liefert, wird es auch das »schlechte« Cholesterin genannt.

■ **HDL-Lipoproteine**
HDL heißt »High Density Lipoproteins«. Diese kleineren Partikel bestehen aus viel Eiweiß und wenig Fett. Sie transportieren das Cholesterin, das nicht benötigt wird, aus den Zellen zurück zur Leber. Dort wird es zu Gallensäuren umgebaut und über den Darm ausgeschieden. Cholesterin, das im HDL-Lipoprotein befördert wird, nennt man HDL-Cholesterin. Hohe Anteile an HDL-Cholesterin schützen vor Arteriosklerose. Unter

Umständen kann es in Gefäßwänden abgelagertes LDL-Cholesterin wieder herauslösen. Man bezeichnet das HDL-Cholesterin deshalb auch als »gutes« Cholesterin.

Herz-Kreislauf-Check-Up
Der erste Schritt zur Vorbeugung von Herz-Kreislauf-Krankheiten sind regelmäßige Untersuchungen, vor allem des Blutdrucks und der Blutfettwerte.
■ Erstrebenswert ist ein Blutdruck von unter 140/90 mmHg (siehe Seite 9).
■ Bei den Blutfettwerten beim ersten Mal immer das Gesamtcholesterin sowie LDL- und HDL-Cholesterin sowie die Triglyceridwerte bestimmen lassen. Später reicht es in der Regel aus, die LDL-Werte zu kontrollieren.
■ Sind die Werte in Ordnung, wird alle zwei Jahre eine Kontrolle empfohlen. Bei kritischen Werten den Zeitpunkt der Nachuntersuchung mit dem behandelnden Arzt besprechen.

Fast alle pflanzlichen Fette wirken sich neutral bzw. positiv auf den Cholesterinspiegel aus.

■ Schon bei Schulkindern empfiehlt sich ein Check up. Der ideale Wert liegt bei 80–90 mg/dl für das LDL-Cholesterin.
■ Spätestens bis zum 30. Lebensjahr sollte jede Frau und jeder Mann seine eigenen Cholesterinwerte kennen.

Wichtig ist für alle, je niedriger der LDL-Wert und je höher der HDL-Wert, desto besser. Damit kommt man dem eigentlichen Ziel, nämlich junge und elastische Gefäße zu haben, ein großes Stück näher.

HILFE AUS DEM INTERNET

Unter www.chd-taskforce.com, PROCAM Risk Calculator können Sie sich ihr individuelles Herzinfarktrisiko berechnen und unter www.infogen.de gibt es eine kostenlose Familienuntersuchung, die erbliche Vorbelastungen prüft.

Cholesterin und
Arteriosklerose

Ein konstant erhöhter Cholesterin-spiegel im Blut ist einer der Hauptrisikofaktoren für chronische Herz-Kreislauf-Erkrankungen wie Arteriosklerose und deren Folgen – vor allem Angina pectoris, Herz-infarkt und Schlaganfall.

Ist der Cholesterinspiegel dauer-haft erhöht, deutet das auf eine Fettstoffwechselstörung hin. Sie tritt auf, wenn die Blutfette nicht entsprechend verwertet werden können oder ein Überangebot besteht. Ob das der Fall ist, kann nur eine Blutuntersuchung klären. Hierbei werden die Konzentratio-nen des Gesamtcholesterins sowie die des LDL- und HDL-Choleste-rins bestimmt, manchmal auch die der Triglyceride (Neutralfette).

Was ist Arteriosklerose?
Gesunde Arterien sind elastische Röhren, die das Blut mit den Nähr-stoffen und dem Sauerstoff vom Herzen in alle Körperzellen trans-portieren. Sie sind so angelegt, dass die Durchblutung dem Bedarf entspricht und alle Zellen ausrei-chend versorgt werden. Die Arte-riosklerose entwickelt sich über Jahre oder Jahrzehnte und ist ein vielfältiger, komplizierter Prozess, der auch heute noch nicht in allen Details eindeutig erforscht ist. Ins-

besondere die auslösenden Fakto-ren, also wodurch die innere Schicht der Arterien an bestimmten Stellen geschädigt wird, werden widersprüchlich diskutiert. Ob möglicherweise eine Bakterienin-fektion durch Chlamydien-Keime oder die Substanz Homocystein, die im Eiweißstoffwechel anfällt, als Auslöser in Frage kommen, muss erst noch abschließend geklärt werden. Unabhängig von diesen Auslösern steht aber unbe-stritten fest, wenn die innere Zell-schicht der Arterien erst einmal geschädigt ist, beginnt der Kreis-

Frisches Obst und Gemüse schützen Herz und Kreislauf.

lauf der Arteriosklerose. Das Gefährliche daran ist, dass die Gefäßveränderungen zunächst keine Beschwerden oder Schmer-zen machen, für den Betroffenen also unbemerkt bleiben.

Risiko: LDL-Cholesterin
Wenn die LDL-Lipoproteine mit ihrer Cholesterinladung über die Arterien die Körperzellen erreichen, wird mit Hilfe von LDL-Rezeptoren das Cholesterin eingeschleust. Je mehr Cholesterin benötigt wird, desto höher ist die Anzahl der so genannten Rezeptoren. Diese Rezeptoren können Sie sich bildlich wie ein Türschloss vorstellen. Das LDL-Cholesterin besitzt einen Schlüssel zu diesem Schloss und gelangt so aus dem Blut in das Innere der Zelle. Ist aber diese Schlüsselfunktion durch die Vor-schädigung der Arterienwand gestört und enthält das Blut eine permanent hohe LDL-Konzentra-tion, lagert sich das Cholesterin in den Gefäßwänden ein.

Der Kreislauf der Arteriosklerose
Die Einlagerungen von LDL-Choles-terin werden immer mehr, es bil-den sich flache Fettstreifen (fatty streaks). Aus diesen entwickeln sich im Laufe der Zeit polsterartige

ENTWICKLUNG DER ARTERIOSKLEROSE

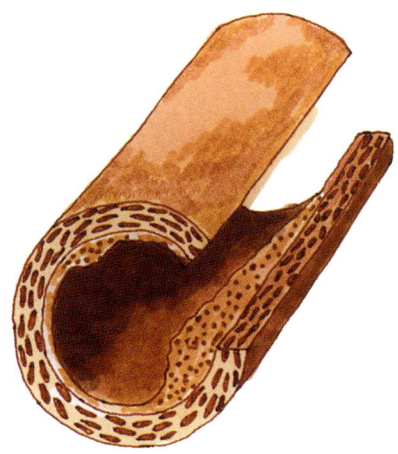

1. Eine gesunde elastische Arterie.

2. An der Innenwand hat sich ein flacher Fettstreifen (fatty streak) gebildet.

3. Die Gefäßinnenwand ist so stark geschädigt, dass sich aus dem Fettstreifen ein faseriger Belag (Plaque) bildet.

Beläge, meist aus Cholesterin, Bindegewebe, Kalksalzen und anderen Substanzen. Diese Beläge, medizinisch Plaques genannt, werden größer und verengen das Gefäßinnere. Das hat zur Folge, dass weniger Blut durch die Arterien fließt, dadurch weniger Sauerstoff und Nährstoffe zu den Geweben und Organen gelangen. Die Arterien verlieren ihre natürliche Elastizität. Am Anfang kann der Körper diese Verengungen noch ausgleichen. Breitet sich die Arteriosklerose weiter aus, kommt es – wenn man nichts dagegen unternimmt – zu Einrissen in der Plaque und im schlimmsten Fall zu Blutgerinnseln und zum kompletten Gefäßverschluss, der zum Infarkt führt.

Wie kann man sich schützen?

Durch groß angelegte Studien weiß man inzwischen eindeutig, dass sich ein überhöhter Cholesterinwert durch entsprechende Ernährung senken lässt, letztendlich aber die Senkung als einzige und alleinige Maßnahme nicht ausreicht, um Herz-Kreislauf-Krankheiten vorzubeugen oder sich vor einem Erst- oder Zweitinfarkt zu schützen. Nach neuestem Stand der Wissenschaft spielen bei der Entstehung der Arteriosklerose außer dem Cholesterin noch andere Faktoren eine Rolle und alle sind miteinander verquickt. Will man aktiv seine Gesundheit fördern, müssen alle Risikofaktoren einbezogen werden.

Die Risikofaktoren

Die wichtigsten sind:
- Erhöhter LDL-Cholesterinwert
- Übergewicht
- Diabetes mellitus (Zuckerkrankheit)
- Bluthochdruck
- Bewegungsmangel
- Stress
- Zigarettenrauchen

Neben diesen Faktoren, die meist beeinflussbar sind, spielen aber auch folgende nicht beeinflussbare, eine Rolle:
- Alter
- Geschlecht
- Genetische Vorbelastung

Noch mehr
Risikofaktoren

Langjährige Untersuchungen beweisen, dass die Wahrscheinlichkeit einer Gefäßveränderung mit ihren Folgekrankheiten dann besonders hoch ist, wenn gleichzeitig mehrere Faktoren zusammentreffen. Das Risiko addiert sich dann nicht nur, es vervielfacht sich sogar.

Risiko: Übergewicht

Jeder zweite Bundesbürger ist leicht übergewichtig, jeder fünfte leidet an deutlichem Übergewicht. Meist liegen die Gründe für Übergewicht an zu fettem und zu einseitigem Essen. Auch zu wenig Bewegung spielt eine Rolle. Mit steigendem Körpergewicht treten meist Fettstoffwechselstörungen, erhöhter Cholesterinspiegel und Bluthochdruck auf.

Welcher Figurtyp sind Sie?

Ein Blick in den Spiegel kann Aufschluss darüber geben, wie hoch die Lebenserwartung eines Menschen ist. Übergewichtige, bei denen sich das Fett um den Bauch herum ansammelt, »Apfeltypen« genannt, erkranken häufiger an Arteriosklerose als »Birnentypen«, bei denen das Fett an Hüfte und Oberschenkeln sitzt.
■ Frauen sollten unbedingt abnehmen, wenn ihr Taillenumfang 80 Zentimeter und mehr beträgt.
■ Bei Männern sollte der Taillenumfang nicht über 94 Zentimeter betragen.

Sicher Abnehmen

Extrem- oder Radikaldiäten helfen bei Übergewicht nicht. Ganz im Gegenteil, denn bei starker Nahrungseinschränkung schaltet der Körper auf Sparflamme: Er benötigt nach der Diät weniger Energie als vorher; die mühsam abgehungerten Kilos sind schnell wieder da. Vermeiden Sie also diesen so genannten Jo-Jo-Effekt.

Nicht nur die Anzahl der Kilos – auch wo sie sitzen – ist von Bedeutung.

■ Der einzig richtige Weg ist eine fettbewusste, cholesterinarme und kohlenhydratreiche Ernährung kombiniert mit regelmäßiger Bewegung – das bringt Sie langfristig und dauerhaft zu Ihrem Normalgewicht zurück.

Der Body-Mass-Index (BMI)

Mit dem BMI können Sie leicht feststellen, ob Sie normal- oder übergewichtig sind. So wird er berechnet:

$$BMI = \frac{\text{Körpergewicht in kg}}{(\text{Körpergröße in m})^2}$$

Ein Beispiel:

$$\frac{65 \text{ kg}}{1,68 \text{ m} \times 1,68 \text{ m}} = 23,0$$

Das bedeuten die Werte:
BMI 18,5–24,9:
● Normalgewicht
BMI 25,0–29,9:
● leichtes Übergewicht
BMI über 30:
● starkes Übergewicht
BMI über 40:
● extremes Übergewicht

Diese Richtwerte gelten für Erwachsene: Für Frauen ist ein BMI zwischen 20 und 24 ideal, für

Regelmäßige Bewegung hält Herz und Arterien jung und fit.

Männer zwischen 20 und 25. Ältere Menschen dürfen etwas mehr wiegen als jüngere. Bei deutlichem Übergewicht, also einem BMI über 30, sollten Sie Ihrer Gesundheit zuliebe auf jeden Fall abnehmen.

Risiko: Diabetes mellitus

Diabetes, die Zuckerkrankheit, ist eine schwere Stoffwechselstörung. Der Cholesterinspiegel spielt für Diabetiker eine wichtige Schlüsselrolle, denn die Zuckerkrankheit kann leicht Schäden an den Wänden der Blutgefäße verursachen. Dadurch kommt es frühzeitiger und häufiger zu Ablagerungen in den Gefäßen und zur Bildung von Plaques, die die Arterien verengen. Wirksam vorbeugen können Diabetiker

■ durch eine gute Einstellung des Blutzuckers sowie

■ durch eine Normalisierung des Cholesterinspiegels.

Risiko: Bluthochdruck (Hypertonie)

Mit steigendem Blutdruck, sowohl dem systolischen (oberen) als auch dem diastolischen (unteren) Wert, werden besonders die Gehirn-, aber auch die Herzkranzgefäße

geschädigt. Das wiederum ist eine Vorbedingung, dass sich Arteriosklerose bilden kann. Die Gefäße verlieren an Elastizität und damit ihre Fähigkeit, den Blutdruck an das Blutvolumen anzupassen.

● Optimal bewegt sich der Blutdruck bei Werten von unter 140/90 mmHg.

● Von milder Hypertonie spricht man bei Werten von 140–179/ 90–104 mmHg.

● Alles darüber zählt zu den schweren Formen der Hypertonie.

■ Was können Sie zur Blutdrucksenkung tun, auch wenn Sie Medikamente nehmen? Essen Sie möglichst fett- und cholesterinarm, nicht zu salzreich, und bewegen Sie sich regelmäßig. Hochdruckkranke sollten sich vor Beginn des Sporttrainings jedoch mit Ihrem behandelnden Arzt besprechen.

Risiko: Bewegungsmangel

Zahlreiche Studien haben gezeigt, dass körperlich aktive Menschen sehr viel seltener an einer koronaren Herzkrankheit leiden als Stubenhocker. Regelmäßige Bewegung hat gleich mehrere Pluspunkte: Sie

■ steigert den »guten« Cholesterinwert

■ kann den Blutdruck senken

■ hilft beim Abbau von Übergewicht

■ hält Gelenke und Muskulatur flexibel.

Experten empfehlen Ausdauersportarten – keinen Leistungssport – wie Radfahren, Schwimmen, zügiges Wandern, Joggen, Walken oder Tanzen – möglichst 2- bis 3-mal wöchentlich für jeweils 30 Minuten. Steigern Sie Ihre Aktivität langsam. Trainieren Sie, bis Sie angenehm müde sind – aber machen Sie nicht weiter bis zur Erschöpfung. Ignorieren Sie keinen Schmerz.

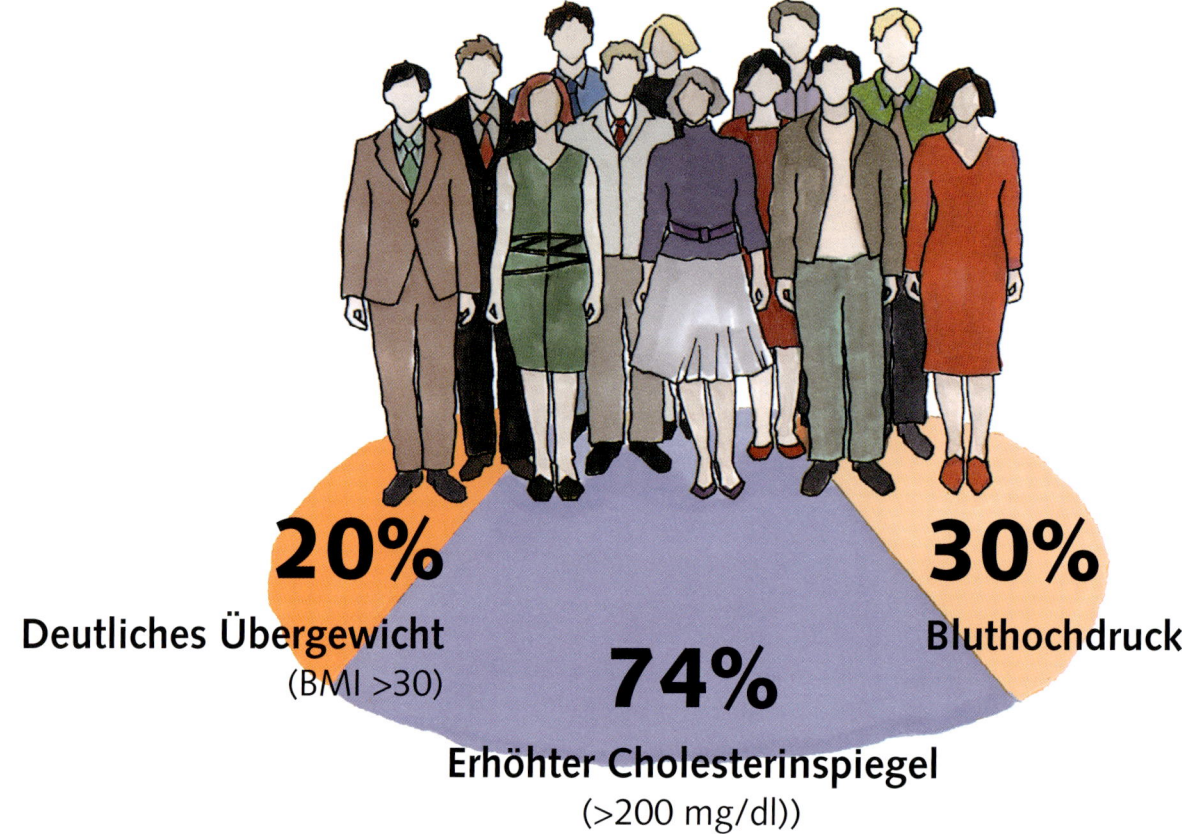

20%
Deutliches Übergewicht
(BMI >30)

74%

30%
Bluthochdruck

Erhöhter Cholesterinspiegel
(>200 mg/dl))

Deutliches Übergewicht, Hypertonie (Bluthochdruck) und ein erhöhter Cholesterinspiegel im Blut sind die maßgeblichen Risikofaktoren für Herz-Kreislauf-Erkrankungen.

Risiko: Stress

Durch die tägliche Hektik ist Stress heute ein Teil des Lebens. Bei permanentem Stress durch private oder berufliche Belastungen kommt es durch die Stresshormone unter anderem zu Puls- und Blutdruckerhöhungen und zu einem ungünstigen Sauerstoffverbrauch des Herzmuskels.

■ Dagegen hilft Entspannung. Wenn die Seele entspannt ist, kann sich auch der Kreislauf erholen. Das Herz arbeitet langsamer, der Blutfluss verbessert sich.

■ Stellen Sie sicher, dass Ihnen die Dinge nicht häufiger über den Kopf wachsen.

■ Regelmäßiger Sport hilft, Stress abzubauen.

Risiko: Zigarettenrauchen

Zusammenhänge zwischen Rauchen und der Entstehung von Herz-Kreislauf-Krankheiten sind unbestritten. Nikotin hat ganz erhebliche Auswirkungen darauf, unter anderem haben Raucher im Vergleich zu Nichtrauchern weni-

ger vom »guten«, vom HDL-Cholesterin im Blut, das vor Arteriosklerose schützt. Nikotin lässt das Herz schneller schlagen, erhöht den Blutdruck. Rauchen führt auch zu einer verstärkten Bildung der äußerst agressiven freien Radikale (Seite 11), die Arteriosklerose begünstigen.

■ Also, Ihrer Gesundheit zuliebe: Nicht weniger, nicht leichter – am besten gar nicht mehr rauchen.

Risiken: Alter, Geschlecht und genetische Vorbelastung

■ Das Risiko einer Arteriosklerose wird mit zunehmendem Alter immer größer. Allerdings leiden heute schon mehr und mehr Schulkinder und junge Erwachsene an hohen Cholesterinspiegeln, Übergewicht und Bewegungsmangel. Deshalb ist es ratsam, auch bei ihnen von Zeit zu Zeit den Cholesterinspiegel zu kontrollieren – der Wert von 170 mg/dl sollte bei Kindern nicht überschritten werden.

■ Lange Zeit galten Herz-Kreislauf-Krankheiten, besonders Herzinfarkt und Schlaganfall, als typische Männer- und Managerkrankheiten. Inzwischen sterben daran aber mehr Frauen als Männer. Immer mehr Frauen schon um die 40 bis 50 Jahre bekommen einen Herzinfarkt. Ursachen sind meist eine ungünstige Ernährung, Rauchen in Kombination mit der Antibabypille und die Doppelbelastung von Familie und Beruf. Bei Frauen um die 50 bis 60 Jahre spielen die Geschlechtshormone eine große Rolle. Bis zu den Wechseljahren sind sie durch die Östrogene weitgehend geschützt, nach der Menopause steigt das Risiko für einen Herzinfarkt sprunghaft an.

Was sind eigentlich ... freie Radikale?

Freie Radikale sind aggressive Sauerstoffverbindungen, die bei Stoffwechselabläufen entstehen, aber auch durch äußere Einflüsse wie Nikotin, Alkohol, Stress, Ozon, UV-Strahlen und Umweltgifte. Sie können Gefäße und Zellen, sogar die Erbinformation schädigen. Wirksame Gegenspieler sind die Antioxidanzien. Die Schutztruppe aus der Nahrung besteht aus den Vitaminen C und E, dem Spurenelement Selen sowie aus Carotinoiden und Flavonoiden aus der Gruppe der sekundären Pflanzenstoffe.

■ Auch die Genetik, die familiäre Veranlagung, kann ein Risikofaktor für Herz-Kreislauf-Krankheiten sein. Dazu zählen bestimmte Fettstoffwechselkrankheiten oder wenn man anfällige Arterien geerbt hat. Liegt eine familiäre Belastung vor, müssen die beeinflussbaren Risikofaktoren besonders intensiv therapiert werden.

LDL-Cholesterin-Richtwerte für Erwachsene*

● Gesunde Personen ohne Risikofaktoren, ohne KHK:

LDL: . . . . unter 155–175 mg/dl

● Personen mit einem Risikofaktor:

LDL: . . . . unter 135–155 mg/dl

● Personen mit mindestens 2 Risikofaktoren:

LDL: . . . . unter 115–135 mg/dl

● Patienten mit koronarer Herzkrankheit (Angina pectoris, vorangegangener Herzinfarkt):

LDL: . . . . unter 100 mg/dl

*nach den Empfehlungen der Europäischen Atherosklerose Gesellschaft

Generell gilt: Je höher der HDL-Wert, desto größer ist der Schutz vor einer Koronaren-Herz-Krankheit (KHK). Wenn der HDL-Wert unter 40 mg/dl liegt, sollte grundsätzlich auch der LDL-Wert niedriger sein, als in der Tabelle angegeben.

Bewusste Ernährung =
mehr Gesundheit

Mit dem richtigen Nahrungs-mittelmix können Sie Ihren Cholesterinspiegel senken und gleichzeitig einige andere gesund-heitliche Risikofaktoren positiv beeinflussen – auch dann, wenn Sie zusätzlich Medikamente ein-nehmen müssen.

Am besten gelingt die gesund-heitsfördernde Ernährung, wenn Sie Ihren bisherigen Ess- und Koch-stil ändern. Der Genuss am Essen wird Ihnen die Umstellung leicht machen. Die Erfolgsformel für diese Ernährung ist ganz einfach; sie heißt:

◼ Auf die Fettqualität achten
◼ Mehr Gemüse und Obst essen
◼ Lebensmittel fettarm und scho-nend zubereiten.

Wer weiß, wie einfach man Fett sparen kann, hat gut lachen.

Auf die Fettqualität achten

Dreh- und Angelpunkt für die Höhe des Cholesterinspiegels ist der Fettverzehr. Das richtige Fett macht fit, das falsche fett. Ein gut funktionierender Stoffwechsel braucht täglich je nach Alter und Bedarf nicht mehr als 55 bis 85 Gramm Fett. Durchschnittlich essen wir aber fast doppelt so viel. Zwei von vielen Gründen, warum das so ist: Etwa drei Viertel aller Erwachsenen in unserem Land bereiten sich keine warme Mahl-zeit selbst zu, dafür sind Fastfood und Fertiggerichte in unserer schnelllebigen Zeit kaum noch wegzudenken.

Fett ist nicht gleich Fett

Die Fette aus unserer Nahrung bestehen aus verschiedenen Bestandteilen. Für unseren Orga-nismus spielt der biochemische Aufbau der Fette und hier die Art der so genannten Fettsäuren die ausschlaggebende Rolle. Aus gesundheitlicher Sicht, speziell bei erhöhten Cholesterinwerten, sind Fette mit ungesättigten Fettsäuren besonders wertvoll. Sie können einen erhöhten Cholesterinspiegel senken und damit vor Entstehung von Herz-Kreislauf-Krankheiten schützen.

◼ Diese wertvollen Fettsäuren kommen vor allem in pflanzlichen Lebensmitteln wie in kaltgepress-ten Pflanzenölen, Diätmargarine, Samen, Nüssen, Getreide und Hül-senfrüchten vor. Ideale Öle, die den Cholesterinspiegel senken können, sind Rapsöl, Olivenöl, Sojaöl und Sonnenblumenöl.

◼ Tierische Lebensmittel, bei-spielsweise Fleisch, Wurstwaren, Speck, Schmalz, Butter, Milchpro-dukte, Schlagsahne, Käse und Eigelb, enthalten dagegen über-wiegend gesättigte Fettsäuren, die den Cholesterinspiegel ansteigen lassen.

◼ Für die Praxis bedeutet das: Ingesamt weniger Fett verzehren und hauptsächlich hochwertige Fette verwenden. Also immer pflanzliche Fette bevorzugen. Wählen Sie bei Milchprodukten und Käse immer die fettärmeren Varianten.

Cholesterin einschränken

Es gibt Lebensmittel, die besonders viel Cholesterin enthalten. Dazu zählen außer den oben genannten noch Innereien, Mayonnaise, Eiernudeln, Aal, Austern, Garnelen,

NAHRUNGSQUELLEN FÜR FETT

Fettsäuren	Nahrungsquellen	Wirkung
Gesättigte Fettsäuren	Butter, Sahne, Käse, Wurst, Speck, Fleisch, Schmalz, Talg, Plattenfett	Erhöhen LDL- und Gesamtcholesterin
Einfach ungesättigte Fettsäuren – Ölsäure	Olivenöl, Avocado	Erhöhen HDL-Cholesterin
Mehrfach ungesättigte Fettsäuren – Linolsäure	Diätöl, Sonnenblumenöl, Sojaöl, Diätmargarine, Walnüsse, fettmodifizierte Lebensmittel	Senken LDL- und Gesamtcholesterin
– Omega-3-Fettsäuren	Seewasserfische, Fischöl, Leinöl	Senken LDL-Cholesterin

Die Menge und die Zusammensetzung der Nahrungsfette beeinflussen entscheidend die Höhe des Cholesterinspiegels.

Tintenfisch, Kaviar sowie fettreiches Gebäck und viele Süßigkeiten. In der Praxis hat sich zwar gezeigt, dass extrem cholesterinarm zu essen meist keinen Erfolg zeigt, da diese Ernährung mit großen Einschränkungen verbunden ist und kaum durchgehalten wird.

■ Vermeiden Sie aber unbedingt, besonders cholesterinreiche Lebensmittel häufig zu essen.

Versteckte Fette

Das sind jene, die auf den ersten Blick nicht sichtbar und am hohen Fettverzehr am meisten beteiligt sind. Wussten Sie, dass in Kuchen und Torten, Blätterteig, Tortenglasuren, vielen Süßigkeiten, zartschmelzender Schokolade,

Nuss-Nougat-Creme, Eiscreme, Nüssen, weichem Käse, Pommes frites, Convenienceprodukten, Fertiggerichten und Fastfood jede Menge Fett, und das überwiegend tierischen Ursprungs, enthalten ist? Bei sichtbaren Fetten wie bei Butter, Sahne, Öl und Margarine oder beim Fettrand am Fleisch ist es viel leichter, die Fettzufuhr im Auge zu behalten.

■ An erster Stelle sollten Sie bei Lebensmitteln mit versteckten Fetten sparen! Diese durch fettarme Varianten austauschen und, falls es keine Alternativen gibt, die verzehrte Menge stark einschränken.

Keine Regel ohne Ausnahme

Allgemein erhöhen tierische Fette mit ihrem hohen Anteil an gesättigten Fettsäuren den Cholesterinspiegel. Es gibt eine Ausnahme: Fischfette. Sie haben einen sehr günstigen Einfluss auf die Blutfettwerte. Fischfette enthalten Omega-3-Fettsäuren, aus denen der Körper herz- und gefäßschonende sowie antientzündliche Stoffe bilden kann. Seefische wie Lachs, Hering, Makrele, Heilbutt, Sardine und Thunfisch enthalten besonders viele dieser Omega-3-Fettsäuren.

■ Genießen Sie deshalb zweimal pro Woche eine große Portion Seefisch.

Mehr Gemüse
und Obst essen

Überzeugende Studien kommen zu dem Ergebnis, dass ein hoher Gemüse- und Obstverzehr in Kombination mit cholesterinbewusster Ernährung den besten Schutz für Herz und Kreislauf bietet. Angesichts der anhaltenden BSE-Diskussion eine Empfehlung, die sich gleich mehrfach auszahlen dürfte.

Wissen hält gesund

Dass Gemüse und Obst gesund sind, ist nicht neu. Aber neben den bekannten Inhaltsstoffen wie Kohlenhydraten, Ballaststoffen, Vitaminen und Mineralstoffen entdeckten Wissenschaftler in pflanzlicher Nahrung seit kurzem eine Fülle von hochwirksamen Substanzen, die sekundären Pflanzenstoffe. Diese natürlichen Inhaltsstoffe haben einen sensationellen Einfluss auf unsere Gesundheit, ganz besonders als Schutz vor Übergewicht, Herz-Kreislauf-Erkrankungen und Krebs.

■ Nutzen Sie diese Chance, nutzen Sie das ganze Spektrum der Pflanzenpower.

Komplexe Kohlenhydrate

Hinter dem Begriff Kohlenhydrate verbergen sich verschiedene Zuckerarten wie Traubenzucker, Fruchtzucker, Haushaltszucker und Stärke. Man unterscheidet zwischen einfachen und komplexen Kohlenhydraten. Stärke gehört zu den komplexen Kohlenhydraten, die große Vorteile für den Organismus bringen. Sie liefern wichtige Vitamine, Mineralstoffe und Ballaststoffe, halten länger satt und schützen so vor Heißhungerattacken.

■ Komplexe Kohlenhydrate sind reichlich in Vollkorngetreide, Vollkornprodukten, Gemüse, Kartoffeln, Hülsenfrüchten und Obst enthalten.

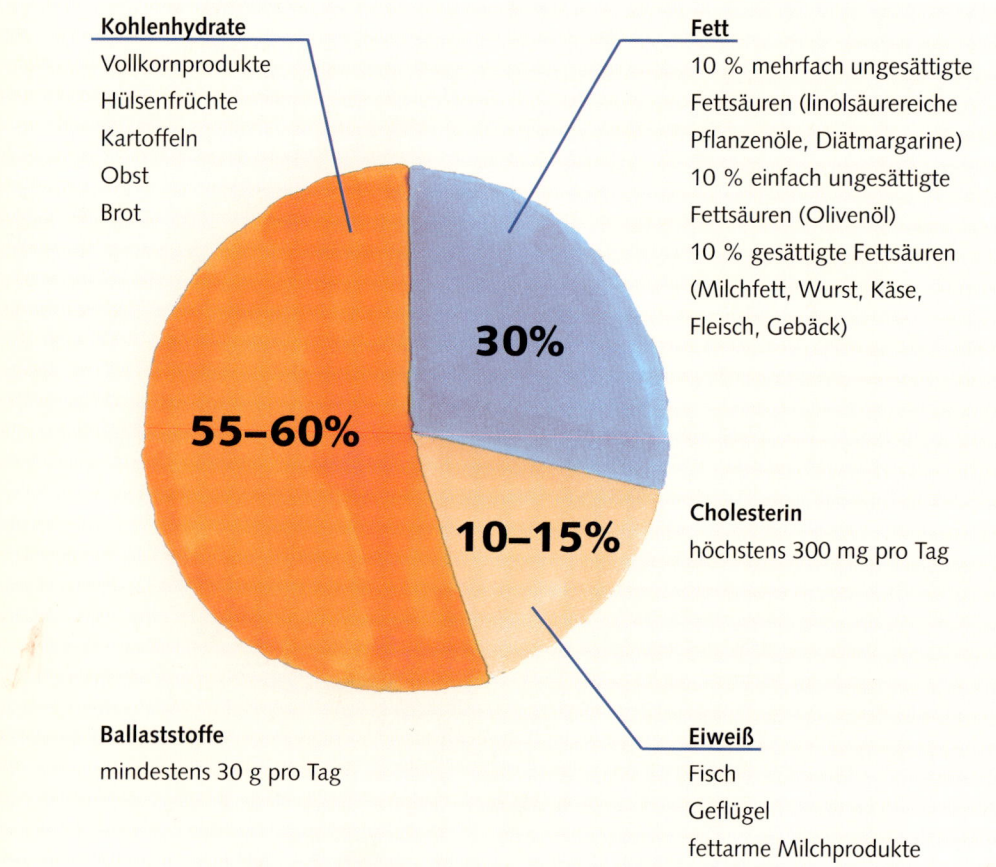

Kohlenhydrate
Vollkornprodukte
Hülsenfrüchte
Kartoffeln
Obst
Brot

Fett
10 % mehrfach ungesättigte Fettsäuren (linolsäurereiche Pflanzenöle, Diätmargarine)
10 % einfach ungesättigte Fettsäuren (Olivenöl)
10 % gesättigte Fettsäuren (Milchfett, Wurst, Käse, Fleisch, Gebäck)

55–60%

30%

10–15%

Cholesterin
höchstens 300 mg pro Tag

Ballaststoffe
mindestens 30 g pro Tag

Eiweiß
Fisch
Geflügel
fettarme Milchprodukte

So sind die Nährstoffe optimal verteilt.

Gesundheit pur: knackiges Gemüse steckt voller Vitamine, Mineralstoffe, Spurenelemente und Schutzsubstanzen.

Leichter geht's mit Ballaststoffen

Die unverdaulichen Bestandteile von Getreide, Gemüse und Hülsenfrüchten haben keinen direkten Nährwert, bewirken aber viel Gutes. Unter anderem regulieren sie den Blutzucker, senken den Cholesterinspiegel und fördern eine gesunde Darmflora.

■ Reichlich Ballaststoffe enthalten unter anderem Hülsenfrüchte wie Bohnen und Erbsen, Vollkornnudeln, Vollkornbrot, Beeren, Fenchel, Brokkoli, alle Kohlsorten, rote Bete und Möhren.

Vitamine und Mineralstoffe

Ohne Vitamine, Mineralstoffe und Spurenelemente würde im Körper nichts funktionieren. Damit kein Mangel auftritt, ist der Organismus auf regelmäßigen Nachschub aus der Nahrung angewiesen. Besonders die Vitamine E und C schützen vor freien Radikalen (Seite 11), die an einer Schädigung der Gefäß- und Zellwände beteiligt sind.

■ Viel Vitamin E enthalten Weizenkeimöl, Nüsse, Schwarzwurzeln, Spargel, Himbeeren, Paprikaschoten und Wirsing.

■ Viel Vitamin C enthalten Paprikaschoten, Brokkoli, alle Kohlsorten, Fenchel, Papaya, Spinat, Beeren und Zitrusfrüchte.

Sekundäre Pflanzenstoffe

Von den neu entdeckten Schutzsubstanzen mit gesundheitsfördernder und heilender Wirkung sind bisher etwa 10 000 bekannt. Sie werden als natürliche Farb-, Duft-, Geschmacks-, Boten- und Signalstoffe in Gemüse, Obst, Kräutern, Getreide, Hülsenfrüchten, Nüssen und Samen produziert.

■ Sekundäre Pflanzenstoffe
- normalisieren den Cholesterinspiegel
- regulieren Blutdruck und Blutzuckerspiegel
- beugen Blutgerinnseln vor
- schützen vor freien Radikalen
- unterdrücken Bakterien, Viren, Pilze
- stärken das Immunsystem
- beugen Krebs vor

»5 AM TAG« – GANZ EINFACH

Um von der ganzen Power der sekundären Pflanzenstoffe zu profitieren, sollten Sie fünf Portionen Gemüse und Obst über den Tag verteilt essen. Wählen Sie zwischen Frischem oder Tiefgekühltem, ungezuckerten Konserven, Trockenfrüchten, Frucht- und Gemüsesäften. Das Tagesziel sind rund 600 Gramm Obst und Gemüse, die sich auf drei Portionen Gemüse und zwei Portionen Obst verteilen sollten. Wechseln Sie zwischen allen Sorten ab, je bunter, desto besser!

Alles Gute
fürs Herz

Was haben Südeuropäer und Asiaten gemeinsam? Ihre traditionelle Ernährung ist so gesund, dass sie schlanker sind, seltener an Zivilisationskrankheiten – wie Herz-Kreislauf-Erkrankungen – leiden und dass sie länger leben.

Wissenschaftliche Langzeitstudien lassen keinen Zweifel daran, dass rund ums Mittelmeer und in den asiatischen Ländern viel weniger Menschen an Übergewicht, hohem Blutdruck und erhöhtem Cholesterin leiden als Nordeuropäer oder Amerikaner. In Europa sind es die Bewohner der griechischen Insel Kreta, die die höchste Lebenserwartung haben.

Vorteile der Mittelmeerküche

Die traditionelle Mittelmeerküche, speziell in Süditalien und Griechenland, symbolisiert Genuss und Lebensfreude. Als eine Säule dieser gesundheitsfördernden Ernährung gilt in erster Linie der hohe Verzehr an frischem Obst und Gemüse. Südeuropäer essen zwei- bis dreimal so viel davon wie Deutsche, somit ist auch ihr Anteil an komplexen Kohlenhydraten, Ballaststoffen, Vitaminen und sekundären Pflanzenstoffen um ein Vielfaches höher. Südeuropäer verzehren auch mehr Getreideprodukte wie Brot und Nudeln. Ergänzt wird der stark vegetarische Einschlag dieser Küche durch Milchprodukte, Fisch sowie an kleinen Mengen Geflügel und Fleisch. Die Lebensmittel sind möglichst wenig verarbeitet, die Zubereitung der Gerichte ist weniger fett, die Portionen sind kleiner. Eine zweite Säule der Mittelmeerküche ist hochwertiges Olivenöl, das einen sehr hohen Prozentsatz an Ölsäure, einer einfach ungesättigten Fettsäure, enthält, von der man weiß, dass sie das gefäßschädigende LDL-Cholesterin senken kann. Zudem enthält Olivenöl reichlich Vitamin E, das als Gegenspieler der freien Radikale gilt (Seite 11). Übrigens: Rapsöl hat dieselben Vorteile wie Olivenöl.

Olivenöl in der Küche

Beim Kauf können Sie unter drei Qualitäten wählen:
■ »Natives Olivenöl extra« (früher »Extra vergine«) steht auf den Flaschen mit bester Qualität. Es stammt aus der ersten Kaltpressung und ist für alle Zubereitungen bis 180 Grad geeignet, ohne dass seine wertvollen Eigenschaften verloren gehen. Der edle Geschmack kommt besonders bei kalten Speisen und Salaten zur Geltung.

So schützen Sie sich vor Herz-Kreislauf-Erkrankungen.

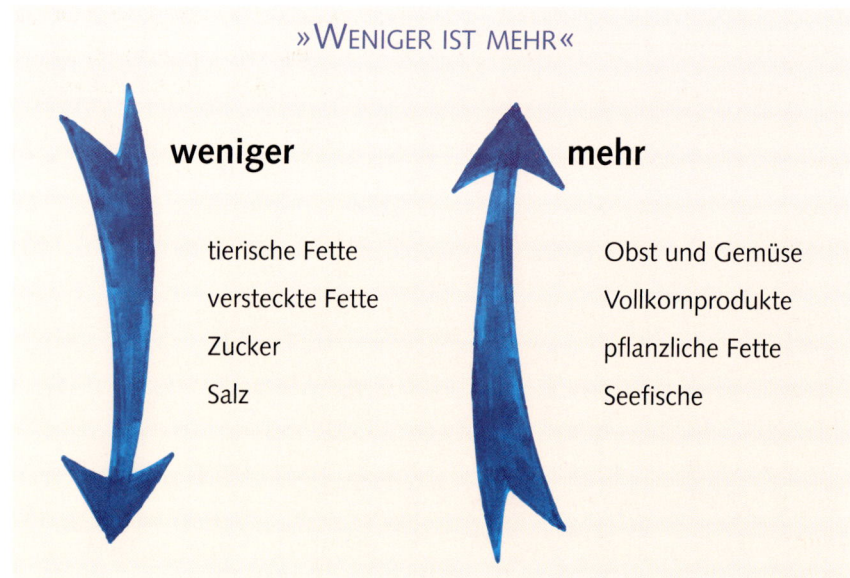

»WENIGER IST MEHR«

weniger

tierische Fette

versteckte Fette

Zucker

Salz

mehr

Obst und Gemüse

Vollkornprodukte

pflanzliche Fette

Seefische

 »Natives Olivenöl« wird ebenfalls kaltgepresst und nicht raffiniert. Es kann ebenso für kalte und warme schonende Zubereitungen verwendet werden.

 »Olivenöl« ganz ohne Zusatzbezeichnung enthält neben den nativen auch raffinierte Olivenöle. Es hat nicht mehr den typischen Olivenölgeschmack, ist eher mild-neutral. Da dieses Öl stärker erhitzbar ist – bis 210 Grad –, setzt man es am besten zum Braten und Frittieren ein.

Verführerisch leicht und lecker – pfannengerührtes Gemüse aus dem Wok.

Das Geheimnis der Asienküche

Auch in Asien ist die landestypische, betont vegetarische Ernährung der Grund für die gesundheitsfördernde Wirkung. In Japan, Thailand, Korea, Indonesien und China wird kaum Fleisch und wenig Fett gegessen. Die Hauptrollen spielen Reis, Gemüse, Sojaprodukte, Obst und Fisch. Gewürze, Kräuter und Sprossen sorgen für den einmaligen Geschmack. Jede Landesküche schmeckt anders, jede für sich brilliert mit unglaublicher Vielfalt. Zubereitet werden die Speisen mit wenig Öl, z. B. im Wok oder im Dampfkorb. Bei diesen schnellen und fettarmen Garmethoden bleiben Aromen und wertvolle Inhaltsstoffe der Zutaten bestmöglich erhalten.

Rotwein für die Arterien

Mediziner bestätigen, dass Rotwein, zum Essen genossen und in Maßen getrunken – also täglich maximal 1/8 Liter für Frauen und 1/4 Liter für Männer – die Gesundheit fördern kann. Dies hat allerdings nichts mit dem Alkohol zu tun, sondern mit den Polyphenolen, die zu den sekundären Pflanzenstoffen gehören. Besonders die roten Trauben enthalten eine Reihe von Substanzen, die die Blutgefäße weniger anfällig für Ablagerungen machen und den Cholesterinstoffwechsel begünstigen. Dieselbe Wirkung haben auch roter Traubensaft und grüner Tee, danach erst Weißwein. Mit diesem Quantum an Alkohol ist die gesundheitsfördernde Tagesration aber dann schon erfüllt. Mehr Alkohol würde unter anderem auch die Vitaminversorgung negativ beeinflussen.

Fettarm und
schonend zubereiten

Für eine gesundheits- und cholesterinbewusste Ernährung ist der Einkauf der Lebensmittel genauso wichtig wie ihre fettarme und schonende Zubereitung. Schlemmen ohne Reue – das gelingt Ihnen mit diesen Tipps und Tricks für die tägliche Praxis.

Unsere Gewohnheiten sind meist fest verwurzelt und lassen sich nicht von heute auf morgen radikal ändern. Stellen Sie sich Schritt für Schritt um, probieren Sie andere Lebensmittel, andere Garmethoden und neue Rezepte aus. Sie werden feststellen, wie Abwechslung und Genuss Ihr Wohlbefinden fördern.

Gezielt einkaufen

■ Gemüse und Obst sollten so frisch und hochwertig sein wie nur möglich. Nur so viel einkaufen, wie man gerade für zwei bis drei Tage braucht, damit nichts alt wird.

■ Bei Milch, Milchprodukten und Käse grundsätzlich zu den fettärmeren Sorten greifen.

■ Bevorzugen Sie bei Brot, Reis und Nudeln die Vollkornvariante.

■ Kaufen Sie für kalte Gerichte und Salate hochwertige Öle wie Rapsöl, Olivenöl, Walnussöl oder Sonnenblumenöl. Zum Garen eig-net sich am besten Raps- oder Olivenöl.

■ Geflügel und Fleisch enthält unterschiedlich viel Fett. Kaufen Sie magere Fleischsorten wie Puten- und Hähnchenbrust, Rinder-, Kalbs- oder Schweinefilet, Hase, Kaninchen und Wild. Verzichten Sie auf Innereien.

Bewusste Ernährung fängt auf dem Gemüsemarkt an.

Fettarm und schonend zubereiten

■ Verwenden Sie beim Garen möglichst wenig Fett. Gut gelingt das beim Braten in der Pfanne oder beim Pfannenrühren im Wok mit wenig Fett. Fettfrei garen lässt sich in der Alufolie, im Bratbeutel oder Bratschlauch und im Römertopf. Empfehlenswert ist auch das Dämpfen und Grillen sowie das Dünsten im eigenen Saft.

■ Beim Binden von Saucen und Suppen den schnellen Griff zu Sahne oder Crème fraîche vermeiden. Genauso gut gelingt die Bindung mit püriertem Gemüse, Kartoffelpüreeflocken, einem Gemisch aus saurer Sahne und etwas Mehl oder cholesterinfreiem Johannisbrotkernmehl (aus dem Reformhaus).

■ Für Salatsaucen halb Öl und halb Gemüsebrühe mit dem Essig verrühren. Bei cremigen Saucen Joghurt statt Sahne nehmen.

■ Nur kleine Mengen an Nüssen und Samen verwenden, da sie sehr fetthaltig sind.

■ Zum Überbacken den Käse dafür hauchfein raspeln oder hobeln. Schon eine kleine Menge ergibt so ein großes Volumen.

■ Kuchen und Plätzchen mit cholesterinfreiem Eigelbersatzmittel zubereiten (aus dem Reformhaus).

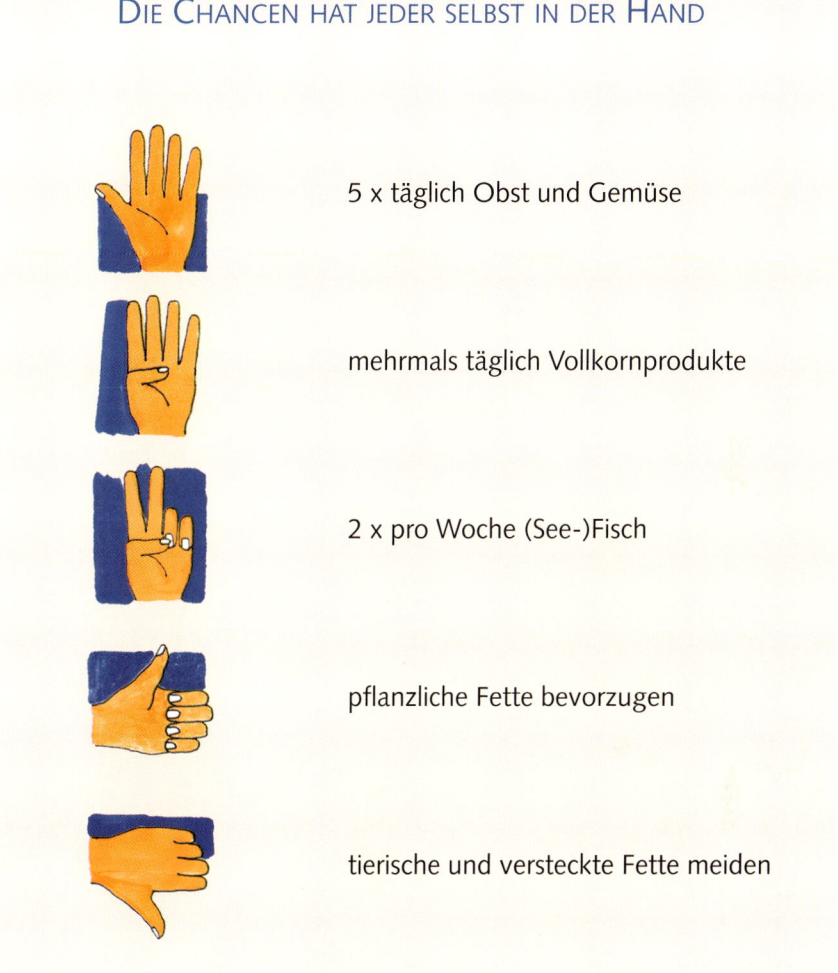

5 x täglich Obst und Gemüse

mehrmals täglich Vollkornprodukte

2 x pro Woche (See-)Fisch

pflanzliche Fette bevorzugen

tierische und versteckte Fette meiden

Noch mehr Tipps

■ Essen Sie am besten nur zwei bis dreimal pro Woche Fleisch. Es sollte nur Beilage, nicht Hauptbestandteil Ihrer Mahlzeit sein.

■ Die Fettränder beim Fleisch wegen des Geschmacks erst nach dem Garen abschneiden. Die Sauce sollten Sie dann aber unbedingt entfetten.

■ Genießen Sie mindestens zweimal wöchentlich Seefisch, vor allem Hering, Heilbutt, Lachs, Makrele und Thunfisch.

■ Eier enthalten reichlich Cholesterin. Mit einem Eigelb erreichen Sie schon die Menge (300 Milligramm), die man maximal am Tag zu sich nehmen sollte.

■ Gemüse und Obst grundsätzlich erst waschen, dann putzen bzw. dünn schälen (weil sonst viele sekundäre Pflanzenstoffe verloren gehen, die in oder direkt unter der Schale sitzen) und zerkleinern. Sofort zubereiten.

■ Avocado und Kokosnuss enthalten zwar kein Cholesterin, haben allerdings einen hohen Fettgehalt. Beides sollte nicht zu oft auf Ihrem Speiseplan stehen.

■ Brote öfter mit pflanzlichen Aufstrichen essen oder nur dünn mit Wurst oder Käse belegen. Noch mehr Fett lässt sich einsparen, wenn Sie statt Butter oder Margarine Speisequark oder Tomatenmark darunter streichen.

■ Als Brotaufstrich Diät-Halbfettmargarine verwenden, die neben ungesättigten Fettsäuren vor allem sekundäre Pflanzenstoffe enthält.

■ Bei Desserts statt geschlagener Sahne Eischnee unterziehen. Oder Sie nehmen halb Schlagsahne und halb Eischnee.

■ Lust auf Kuchen? Dann am besten zu Obstkuchen mit Hefeteig greifen – und auf die Sahne verzichten.

■ Wenn schon Knabbern vor dem Fernseher, dann Nüsse, Kartoffelchips, Kräcker & Co. gegen Salzstangen oder Stifte von rohem Gemüse austauschen.

■ Genießen Sie mit allen Sinnen, denn eine Mahlzeit ist viel mehr als nur Nährstoffaufnahme. Die anschließenden Rezepte sollen Ihre Gesundheit positiv beeinflussen und Ihnen gleichzeitig Genuss und Freude am Essen bereiten.

Frühstücke & Drinks

Der optimale Start

Zeit für Frühstück muss sein! Ob Sie
nun mehr der Typ »herzhaft belegtes
Vollkornbrötchen« sind oder ein
fruchtig-süßes Müsli bevorzugen, spielt
keine Rolle. Mit beidem tun Sie für
Ihren Körper genau das Richtige:
Sie versorgen ihn mit den nötigen
Vitalstoffen, die sie für einen
anstrengenden oder stressigen Tag
benötigen. Übrigens: Für besonders
Eilige kann einer der Drinks eine gute
Alternative sein.

Haferporridge
mit Bananen

1. Die Haferflocken in einem Topf mit 1 Liter Wasser verrühren, aufkochen und kurz kochen lassen, bis die Masse gebunden ist. Den Kardamom und die Kokosraspel unterrühren. Den Topf von der Kochstelle nehmen und den Porridge 5 Minuten quellen lassen.

2. Die Bananen schälen, längs halbieren und in Scheiben schneiden. Den Porridge in tiefe Teller verteilen. Bananenscheiben und Joghurt darauf anrichten und mit dem Ahornsirup beträufeln.

■ Pro Portion: 1231/294 kJ/kcal
9 g Eiweiß • 5 g Fett
52 g Kohlenhydrate • 4 g Ballaststoffe • 4 mg Cholesterin

ZUTATEN FÜR 4 PORTIONEN

150 G VOLLKORN-HAFERFLOCKEN
1 TL GEMAHLENER KARDAMOM
2 EL KOKOSRASPEL
2 BANANEN
300 G JOGHURT (1,5 % FETT)
2 EL AHORNSIRUP

ZUBEREITUNGSZEIT:
10 MINUTEN

Hirsemüsli
mit Kiwis

1. Die Hirse in einem Sieb unter heißem Wasser abspülen. Dann mit 250 Milliliter Wasser in einem Topf aufkochen und zugedeckt 2 Minuten kochen lassen. Auf der ausgeschalteten Kochstelle abkühlen lassen und über Nacht kalt stellen.

2. Am nächsten Morgen die Dickmilch mit Milch, Ahornsirup, Zitronensaft und Zimtpulver vermischen. Die Hirse durchrühren und die Dickmilch unterheben.

3. Die Kiwis schälen, 4 Kiwis würfeln. Die fünfte längs halbieren und in Scheiben schneiden. Kiwiwürfel unter das Hirsemüsli mischen, Müsli in vier tiefe Teller verteilen. Mit den Kiwischeiben garnieren und sofort servieren.

■ Pro Portion: 826/197 kJ/kcal
6 g Eiweiß • 2 g Fett
36 g Kohlenhydrate • 4 g Ballaststoffe • 3 mg Cholesterin

ZUTATEN FÜR 4 PORTIONEN

125 G HIRSEKÖRNER
200 G DICKMILCH (1,5 % FETT)
6 EL MILCH (1,5 % FETT)
2 EL AHORNSIRUP
2 EL ZITRONENSAFT
1 MESSERSPITZE ZIMTPULVER
5 KIWIS

ZUBEREITUNGSZEIT:
15 MINUTEN
QUELLZEIT: ÜBER NACHT

Nuss-Früchte-Müsli
mit Ahornsirup

ZUTATEN FÜR 4 PORTIONEN

8 EL VOLLKORN-GETREIDEFLOCKEN
2 EL GEHACKTE HASELNÜSSE
300 G JOGHURT (1,5 % FETT)
2 EL AHORNSIRUP
500 G FRÜCHTE DER SAISON
ZITRONENMELISSE ZUM GARNIEREN

ZUBEREITUNGSZEIT:
15 MINUTEN

1. Getreideflocken und Nüsse in einer großen Pfanne ohne Fett anrösten, bis sie duften. Von der Kochstelle nehmen und abkühlen lassen.

2. Die Flocken-Nuss-Mischung mit Joghurt verrühren und mit Ahornsirup abschmecken. In tiefe Teller verteilen.

3. Das Obst je nach Sorte waschen und putzen oder schälen und in mundgerechte Stücke schneiden. Obststücke mischen, auf dem Nussmüsli anrichten.

Mit gewaschenen Melisseblättchen garniert servieren.

■ Pro Portion: 997/238 kJ/kcal
6 g Eiweiß • 5 g Fett
40 g Kohlenhydrate • 3 g Ballaststoffe • 3 mg Cholesterin

Info
Getreideflockenmischungen bestehen meist aus Weizen-, Gerste-, Hafer- und Dinkelflocken. Sie sind im Reformhaus, im Bioladen und in Drogeriemärkten erhältlich.

Zur Beerenzeit ist das knackige Nussmüsli ein Hochgenuss.

Mit dieser Grapefruit-Dickmilch lassen sich selbst Langschläfer aus dem Bett holen.

Rosinen-Dickmilch
mit Grapefruits

1. Die Grapefruits dick schälen, die Filets aus den Häutchen trennen und halbieren, dabei den austretenden Saft auffangen.

2. Die Dickmilch mit dem aufgefangenen Saft und den Rosinen glatt rühren. Mit dem Apfel- oder Birnendicksaft abschmecken.

3. Die Rosinen-Dickmilch mit den Grapefruitstücken in Schälchen oder auf Tellern anrichten und mit den Cornflakes bestreuen.

■ Pro Portion: 701/168 kJ/kcal
4 g Eiweiß • 1 g Fett
30 g Kohlenhydrate • 2 g Ballaststoffe • 3 mg Cholesterin

Info
Grapefruits mit rosafarbenem Fruchtfleisch enthalten Carotinoide, die gemeinsam mit dem Vitamin C freie Radikale hemmen und so Herz-Kreislauf-Erkrankungen vorbeugen.

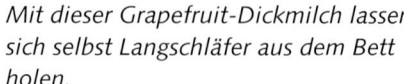

ZUTATEN FÜR 4 PORTIONEN

2 ROSA GRAPEFRUITS
200 G DICKMILCH (1,5 % FETT)
2 EL ROSINEN
2–3 EL APFEL- ODER BIRNENDICKSAFT
8 EL CORNFLAKES

ZUBEREITUNGSZEIT:
10 MINUTEN

Apfelcreme
mit Trauben

1. Den Cremequark mit dem Zitronensaft glatt rühren. Die Vanilleschote längs aufschlitzen, das Mark herauskratzen und unter den Quark rühren. Cremequark in vier Schälchen geben.

2. Das Apfelmus gleichmäßig auf dem Quark verteilen und mit einer Gabel leicht unterheben, so dass eine Marmorierung entsteht.

3. Die Trauben waschen, abtropfen lassen und halbieren. Nach Belieben entkernen. Die Traubenhälften auf der Apfelcreme anrichten.

■ Pro Portion: 609/145 kJ/kcal
9 g Eiweiß • 0,5 g Fett
25 g Kohlenhydrate • 0,5 g Ballaststoffe • 0,6 mg Cholesterin

Info
Statt mit Apfelmus können Sie die Creme auch mit stückigem Apfelkompott zubereiten.

ZUTATEN FÜR 4 PORTIONEN

250 G CREMEQUARK (0,2 % FETT)
2 EL ZITRONENSAFT
1 VANILLESCHOTE
250 G APFELMUS AUS DEM GLAS
250 G BLAUE WEINTRAUBEN

ZUBEREITUNGSZEIT:
15 MINUTEN

Kräuterkäse
mit Möhren

1. Den Frischkäse mit dem Orangensaft cremig rühren. Die Möhren waschen, schälen und auf der Gemüsereibe grob raspeln. Sofort unter den Frischkäse mischen.

2. Petersilie und Schnittlauch waschen und trockenschütteln. Petersilienblättchen von den Stielen zupfen und hacken. Den Schnittlauch in feine Röllchen schneiden.

3. Die Kräuter unter den Käse mischen. Den Kräuterkäse nach Bedarf mit Mineralwasser zu einer streichfähigen Masse verrühren. Den Aufstrich mit dem in Scheiben geschnittenen Baguette servieren.

■ Pro Portion: 429/102 kJ/kcal
5 g Eiweiß • 2 g Fett
16 g Kohlenhydrate • 3 g Ballaststoffe • 4,5 mg Cholesterin

ZUTATEN FÜR 4 PORTIONEN

100 G FETTREDUZIERTER FRISCHKÄSE (5–8 % FETT)
3–4 EL ORANGENSAFT
150 G MÖHREN
JE 1 BUND PETERSILIE UND SCHNITTLAUCH
2–3 EL MINERALWASSER
1/2 MEHRKORN-BAGUETTE

ZUBEREITUNGSZEIT:
15 MINUTEN

Frischkäse-Brötchen
süß und pikant

1. Die Tomaten waschen, abtrocknen und den Stielansatz entfernen. Tomaten quer in Scheiben schneiden.

2. Die Brötchen aufschneiden und mit dem Frischkäse bestreichen. 4 Brötchenhälften zuerst mit den Kräutern bestreuen, dann mit Tomatenscheiben belegen, diese leicht salzen und pfeffern.

3. Auf die anderen 4 Brötchenhälften die Konfitüre geben. Die

Sonnenblumenkerne grob hacken und darüber streuen.

■ Pro Portion: 870/208 kJ/kcal
12 g Eiweiß • 5 g Fett
27 g Kohlenhydrate • 4 g Ballaststoffe • 8 mg Cholesterin

ZUTATEN FÜR 4 PORTIONEN

2 TOMATEN
4 VOLLKORNBRÖTCHEN
200 G KÖRNIGER FRISCHKÄSE
2 EL FRISCHE, GEHACKTE KRÄUTER (BASILIKUM, PETERSILIE, SCHNITTLAUCH)
JODSALZ, PFEFFER
4 TL KONFITÜRE
4 TL SONNENBLUMENKERNE

ZUBEREITUNGSZEIT:
10 MINUTEN

Vollkornbrötchen
mit Birnen-Curry-Creme

ZUTATEN FÜR 4 PORTIONEN

1/4–1/2 TL CURRYPULVER

200 G MAGERQUARK

1 ZARTE STANGE
STAUDENSELLERIE (100 G)

2 KLEINE FESTE BIRNEN

2 EL ZITRONENSAFT

4 VOLLKORNBRÖTCHEN

ZUBEREITUNGSZEIT:
15 MINUTEN

1. Das Currypulver mit 3 Esslöffeln warmem Wasser vermischen, dann mit dem Quark cremig verrühren.

2. Die Selleriestange waschen, putzen und in sehr kleine Würfel schneiden, eventuell vorhandenes Selleriegrün fein hacken.

3. Die Birnen waschen, trockenreiben, vierteln und vom Kerngehäuse befreien. Birnenviertel auf der Gemüsereibe grob raspeln. Sofort mit dem Zitronensaft vermischen.

4. Die Selleriewürfel und die Birnenraspel unter den Quark rühren. Den Brotaufstrich in ein Schälchen füllen und mit dem Selleriegrün bestreuen. Dazu die Vollkornbrötchen reichen.

■ Pro Portion: 800/191 kJ/kcal
11 g Eiweiß • 1 g Fett
33 g Kohlenhydrate • 6 g Ballaststoffe • 0,5 mg Cholesterin

Pikantes am frühen Morgen vertreibt Kummer und Sorgen …

Für ein ausgiebiges Frühstück am Wochenende ist dieser Teller genau richtig.

Türkischer
Frühstücksteller

1. Die Gurke waschen, abtrocknen und in 1/2 Zentimeter dicke Scheiben schneiden. Die Tomaten waschen, von den Stielansätzen befreien und ebenfalls in Scheiben schneiden.

2. Vier Teller mit den Tomaten- und Gurkenscheiben auslegen. Leicht salzen und pfeffern. Den Käse in dicke Stifte oder Würfel schneiden, Oliven nach Belieben halbieren. Beides auf dem Gemüse verteilen und mit Paprikapulver leicht bestäuben.

3. Die Frühstücksteller mit den Baguettescheiben servieren.

■ Pro Portion: 1112/265 kJ/kcal
11 g Eiweiß • 12 g Fett
27 g Kohlenhydrate • 4 g Ballaststoffe • 17 mg Cholesterin

ZUTATEN FÜR 4 PORTIONEN

250 G SALATGURKE

4 TOMATEN

JODSALZ

GROB GEMAHLENER SCHWARZER PFEFFER

150 G WEICHER SCHAFKÄSE AM STÜCK (FETA)

50 G SCHWARZE OLIVEN OHNE STEIN

1/2 TL PAPRIKAPULVER EDELSÜSS

16 SCHEIBEN MEHRKORNBAGUETTE

ZUBEREITUNGSZEIT:
10 MINUTEN

Räucherlachs-
Vollkornbrote

1. Zucchini oder Gurke waschen, trockenreiben und auf einer Gemüsereibe mittelgrob raspeln. Die Salatblätter waschen und trockentupfen.

2. Den Joghurt mit dem Senf glatt rühren. Zucchini- oder Gurkenraspel untermischen, mit wenig Salz und etwas Pfeffer würzen.

3. Den Gemüsejoghurt auf die Brotscheiben verteilen, die Brote mit Salatblättern und Räucherlachs belegen. Nach Belieben mit Dillspitzen garnieren.

■ Pro Portion: 519/123 kJ/kcal
8 g Eiweiß • 5 g Fett
12 g Kohlenhydrate • 0,5 g Ballaststoffe • 9 mg Cholesterin

ZUTATEN FÜR 4 PORTIONEN

1 STÜCK ZUCCHINI ODER GURKE (ETWA 100 G)

4 SCHÖNE SALATBLÄTTER

100 G JOGHURT (1,5 % FETT)

1 TL MITTELSCHARFER SENF

JODSALZ

PFEFFER

4 SCHEIBEN VOLLKORNBROT

4 SCHEIBEN RÄUCHERLACHS (ETWA 75 G; AM BESTEN BIOLACHS)

NACH BELIEBEN EINIGE DILLSPITZEN

ZUBEREITUNGSZEIT:
15 MINUTEN

Knäckebrot
mit Schinken und Zucchini

1. Den Quark mit 2 bis 3 Esslöffeln Wasser glatt rühren und mit dem Meerrettich abschmecken. Den Meerrettichquark auf die Brotscheiben streichen.

2. Die Zucchini waschen, putzen, abtrocknen, längs halbieren und in dünne Scheiben schneiden. Vom Lachsschinken den Fettrand entfernen.

3. Zucchinischeiben und Lachsschinken auf den Knäckebroten anrichten und mit etwas grob gemahlenem Pfeffer bestreuen.

■ Pro Portion: 233/55 kJ/kcal
5 g Eiweiß • 1 g Fett
6 g Kohlenhydrate • 0,7 g Ballaststoffe • 9 mg Cholesterin

ZUTATEN FÜR 4 PORTIONEN

3 EL MAGERQUARK
1–2 TL MEERRETTICH (AUS DEM GLAS)
4 SCHEIBEN ROGGEN-KNÄCKEBROT
200 G ZUCCHINI
8 SCHEIBEN LACHSSCHINKEN (ETWA 50 G)
SCHWARZER PFEFFER

ZUBEREITUNGSZEIT:
10 MINUTEN

Roggenbrötchen
mit Putenröllchen

1. Die Orangen dick schälen und die Filets aus den Häutchen schneiden, dabei den Saft auffangen. Die Salatblätter waschen und trockentupfen.

2. Den Quark mit Orangensaft und dem Meerrettich verrühren. So viel Wasser untermischen, dass der Quark cremig ist. Mit Salz und Pfeffer würzen.

3. Die Aufschnittscheiben mit dem Quark bestreichen und auf-

rollen. Die Brötchen halbieren und die Schnittflächen goldgelb toasten.

4. Die unteren Brötchenhälften mit Salatblättern, Orangenfilets und den Putenröllchen belegen und mit den oberen Brötchenhälften bedecken.

■ Pro Portion: 842/201 kJ/kcal
15 g Eiweiß • 1 g Fett
32 g Kohlenhydrate • 5 g Ballaststoffe • 10 mg Cholesterin

ZUTATEN FÜR 4 PORTIONEN

2 KLEINE ORANGEN
8 SALATBLÄTTER
200 G MAGERQUARK
2–3 TL MEERRETTICH (AUS DEM GLAS)
JODSALZ, WEIßER PFEFFER
8 SCHEIBEN PUTENBRUST-AUFSCHNITT
4 ROGGENBRÖTCHEN

ZUBEREITUNGSZEIT:
15 MINUTEN

Gemüsecocktail
mit Schnittlauchröllchen

ZUTATEN FÜR 4 GLÄSER

1/2 SALATGURKE
400 ML TOMATENSAFT
200 ML MÖHRENSAFT
1 BUND SCHNITTLAUCH
PAPRIKAPULVER EDELSÜß

ZUBEREITUNGSZEIT:
10 MINUTEN

1. Die Gurke schälen und acht dünne Scheiben davon abschneiden. Die restliche Gurke längs halbieren und mit einem Teelöffel entkernen. Das Fruchtfleisch grob würfeln.

2. Die Gurkenwürfel mit Tomatensaft und Möhrensaft im Mixer oder mit dem Stabmixer sehr fein pürieren.

3. Den Schnittlauch waschen, trockentupfen und in Röllchen schneiden. Unter den Gemüsecocktail mischen. Den Drink mit etwas Paprikapulver abschmecken und in vier hohe Gläser verteilen.

4. Je zwei Gurkenscheiben auf ein Holzstäbchen stecken und als Garnitur auf den Glasrand legen.

■ Pro Glas: 153/36 kJ/kcal
2 g Eiweiß • 0,2 g Fett
7 g Kohlenhydrate • 0,6 g Ballaststoffe • 0 mg Cholesterin

Das mit Putenaufschnitt herzhaft belegte Roggenbrötchen schmeckt auch als zweites Frühstück.

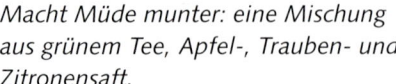

Macht Müde munter: eine Mischung aus grünem Tee, Apfel-, Trauben- und Zitronensaft.

Tee-Saft-Mix
mit frischer Minze

1. 300 Milliliter Wasser aufkochen. Den grünen Tee mit dem nicht mehr kochenden Wasser aufbrühen und 3 Minuten ziehen lassen. Den Tee etwas abkühlen lassen.

2. Die Minze waschen und trockenschütteln. Von einem Zweig die Blätter fein hacken. Apfelsaft, Traubensaft und die gehackte Minze mit dem Tee vermischen, mit Zitronensaft abschmecken.

3. Die Tee-Saft-Mischung in hohe Bechergläser gießen und mit der restlichen Minze garnieren.

■ Pro Glas: 331/79 kJ/kcal
0,5 g Eiweiß • 0,2 g Fett
17 g Kohlenhydrate • 0,1 g Ballaststoffe • 0 mg Cholesterin

ZUTATEN FÜR 4 GLÄSER

3 BEUTEL GRÜNER TEE
3 ZWEIGE MINZE
250 ML APFELSAFT
250 ML WEIßER TRAUBENSAFT
1–2 EL ZITRONENSAFT

ZUBEREITUNGSZEIT:
15 MINUTEN

Orange Power
mit Kefir

1. Die Aprikosen grob würfeln, dann zusammen mit den Walnüssen und der halben Menge Saft im Mixer oder mit dem Pürierstab kräftig durchmixen.

2. Kefir und Vanille hinzufügen, alles zusammen noch einmal kurz aufschlagen, dann restlichen Saft unterrühren.

3. Den Früchte-Nuss-Drink in vier Bechergläser verteilen und sofort servieren.

■ Pro Glas: 672/161 kJ/kcal
6 g Eiweiß • 5 g Fett
19 g Kohlenhydrate • 2 g Ballaststoffe • 7,5 mg Cholesterin

ZUTATEN FÜR 4 GLÄSER

60 G GETROCKNETE APRIKOSEN (ETWA 6 STÜCK)
2 EL FRISCH GEMAHLENE WALNÜSSE
250 ML FRISCH GEPRESSTER MANDARINEN- ODER ORANGENSAFT
500 G KEFIR (1,5 % FETT)
1/2 TL NATURVANILLE

ZUBEREITUNGSZEIT:
10 MINUTEN

Mangolassi
mit Zitronenmelisse

1. Joghurt, Mineralwasser, Mangosaft und Zitronensaft mit dem Schneebesen oder in einem Mixer kräftig verschlagen, so dass die Oberfläche schaumig wird.

2. Den Drink mit Ahornsirup abschmecken und in vier hohe Bechergläser verteilen. Die Minze waschen und trockenschütteln. Mango-Lassi mit Melisseblättchen garnieren. Sofort servieren.

■ Pro Glas: 678/162 kJ/kcal
6 g Eiweiß • 2 g Fett
30 g Kohlenhydrate • 0,4 g Ballaststoffe • 0 mg Cholesterin

Info
Mangos sind eine gute Quelle für die Vitamine A, C und E. Sie stärken damit das Immunsystem und halten Haut und Schleimhäute gesund.

ZUTATEN FÜR 4 GLÄSER

600 G MILDER JOGHURT (1,5 % FETT)

200 ML MINERALWASSER

8 EL MANGO-VOLLFRUCHT, UNGESÜßT (AUS DEM REFORMHAUS)

SAFT VON 1 ZITRONE

2–3 TL AHORNSIRUP

ETWAS ZITRONENMELISSE ZUM GARNIEREN

ZUBEREITUNGSZEIT: 10 MINUTEN

Kefir-Erdbeer-Drink
mit Mandelmus

1. Den Kefir mit Mandel- oder Nussmus und dem Apfel- oder Birnendicksaft im Mixer oder mit dem Stabmixer auf niedrigster Stufe mixen.

2. Die Erdbeeren vorsichtig waschen, abtropfen lassen und die Kelchblättchen entfernen. 4 große Beeren beiseite legen. Die restlichen Beeren halbieren, zum Kefir geben und kurz mitmixen. Den Drink in vier hohe Gläser verteilen.

3. Die Zitronenmelisse waschen und trockentupfen. Die Blättchen in Streifen schneiden und als Garnitur auf den Kefir-Erdbeer-Drink streuen. Die 4 Beeren unten einschneiden und an die Glasränder stecken.

■ Pro Glas: 419/100 kJ/kcal
4 g Eiweiß • 3 g Fett
12 g Kohlenhydrate • 3 g Ballaststoffe • 4,5 mg Cholesterin

ZUTATEN FÜR 4 GLÄSER

300 G KEFIR (1,5 % FETT)

1 EL MANDEL- ODER NUSSMUS (AUS DEM GLAS)

1 EL APFEL- ODER BIRNENDICKSAFT

500 G AROMATISCHE ERDBEEREN

4 ZWEIGE ZITRONENMELISSE

ZUBEREITUNGSZEIT: 10 MINUTEN

Milch-Minze-Shake
mit Weizenkeimen

3 ZWEIGE MINZE
500 G BUTTERMILCH
300 ML MINERALWASSER
SAFT VON 1 ZITRONE
2 EL WEIZENKEIME

ZUBEREITUNGSZEIT:
10 MINUTEN

1. Die Minze waschen, trocken-schütteln, die Blättchen abzupfen und fein hacken.

2. Fein gehackte Minze mit Buttermilch, Mineralwasser, dem Zitronensaft und den Weizenkeimen im Mixer oder mit dem Pürierstab kräftig durchmixen. Shake in vier Bechergläser verteilen und sofort servieren.

▨ Pro Glas: 268/64 kJ/kcal
5 g Eiweiß • 1 g Fett
8 g Kohlenhydrate • 0,6 g Ballast-stoffe • 3,8 mg Cholesterin

Info
Mit Mineralwasser »gestreckte« saure Milchprodukte wie Joghurt, Buttermilch, Dickmilch und Kefir sind im Sommer eine ideale, prickelnde Erfrischung, die zugleich satt macht. Dabei liefern sie nur wenig Fett, dafür leicht verdauliches Eiweiß und Mineralstoffe.

Frische Minze und prickelndes Mineralwasser peppen die Buttermilch ordentlich auf.

Kleine Gerichte
Für abends oder zwischendurch

Wenn der kleine Hunger kommt, dann sind sie genau richtig: knackig-frische Salate, wunderbare Suppen und Vorspeisen aus aller Welt. Und mit etwas Vollkornbrot serviert werden sie im Handumdrehen zu einer kleinen, vollwertigen Mahlzeit für vier. In größeren Mengen zubereitet erfreuen die Salate jeden Partygast, und die Suppen sind als Menüeinstieg wärmstens zu empfehlen.

Blattsalate
mit Avocado

1. Die Blattsalate waschen, putzen, trockenschleudern und in mundgerechte Stücke zupfen. Die Paprikaschote waschen, vierteln, putzen und die Viertel quer in feine Streifen schneiden. Radieschen waschen, putzen und in dünne Scheiben schneiden. Die Petersilie waschen, trockenschütteln und grob hacken.

2. Die Avocado schälen, längs halbieren und entkernen. Das Fruchtfleisch quer in Spalten schneiden und sofort in 2 Esslöffeln Zitronensaft wenden.

3. Für die Marinade die Zwiebel schälen und sehr fein würfeln. Die Zwiebelwürfel mit Joghurt und Öl verrühren und mit Salz, Pfeffer und dem restlichen Zitronensaft abschmecken.

4. Blattsalate, Paprikaschote, Radieschen, Petersilie und Avocado in einer Schüssel vermischen. Die Marinade unterheben.

■ Pro Portion: 1021/244 kJ/kcal
5 g Eiweiß • 21 g Fett
9 g Kohlenhydrate • 6 g Ballaststoffe • 1,3 mg Cholesterin

ZUTATEN FÜR 4 PORTIONEN

300 G GEMISCHTE BLATTSALATE (Z. B. FELDSALAT, EICHBLATTSALAT, ROMANA)
1 ROTE PAPRIKASCHOTE
1/2 BUND RADIESCHEN
1/2 BUND PETERSILIE
1 REIFE AVOCADO
SAFT VON 1 ZITRONE
1 KLEINE ZWIEBEL
100 G JOGHURT (1,5 % FETT)
1 EL OLIVENÖL
JODSALZ
SCHWARZER PFEFFER

ZUBEREITUNGSZEIT:
20 MINUTEN

Rote-Bete-Salat
mit Orangen

1. Rote Bete schälen und fein würfeln. In einem Topf mit etwa 200 Milliliter Wasser und dem Ahornsirup zugedeckt bei schwacher Hitze 8 bis 10 Minuten kochen lassen. Den Zitronensaft einrühren und über Nacht zum Marinieren kalt stellen.

2. Die Roten Bete abtropfen lassen. Die Orangen dick schälen, halbieren, dann in dünne Scheiben schneiden, dabei den austretenden Saft auffangen. Den Fenchel

waschen, putzen, längs halbieren und in dünne Scheiben schneiden.

3. Den Orangensaft mit etwas Salz, Pfeffer und Öl verrühren. Die Fenchelscheiben damit beträufeln, mit den Orangenscheiben und den Rote-Bete-Würfeln auf Tellern anrichten.

■ Pro Portion: 651/156 kJ/kcal
4 g Eiweiß • 5 g Fett
21 g Kohlenhydrate • 7 g Ballaststoffe • 0,05 mg Cholesterin

ZUTATEN FÜR 4 PORTIONEN

400 G KLEINE ROTE BETE
2 EL AHORNSIRUP
4 EL ZITRONENSAFT
2 ORANGEN
2 KLEINE FENCHELKNOLLEN (300 G)
JODSALZ
WEISSER PFEFFER
2 EL KALTGEPRESSTES OLIVENÖL

ZUBEREITUNGSZEIT:
30 MINUTEN
MARINIERZEIT:
12 STUNDEN

Weiße-Bohnen-Salat
mit Kräutern

ZUTATEN FÜR 4 PORTIONEN

400 G GEGARTE WEISSE BOHNEN
(AUS DER DOSE)

2 TOMATEN

2 FRÜHLINGSZWIEBELN

EINIGE ZWEIGE PETERSILIE

EINIGE ZWEIGE MINZE

50 ML GEMÜSEBRÜHE

3 EL WEISSWEINESSIG

2 EL KALTGEPRESSTES OLIVENÖL

1 KNOBLAUCHZEHE

JODSALZ

WEISSER PFEFFER

ZUBEREITUNGSZEIT:
20 MINUTEN

1. Die Bohnen in einem Sieb abtropfen lassen. Tomaten waschen und fein würfeln, dabei die Stielansätze entfernen. Frühlingszwiebeln waschen, putzen und in feine Ringe schneiden. Petersilie und Minze waschen, trockenschütteln, von den Stielen zupfen und die Blättchen fein hacken.

2. Für die Marinade die Gemüsebrühe mit Essig und Öl kräftig verschlagen. Den Knoblauch schälen und dazudrücken. Mit Salz und Pfeffer würzen.

3. Abgetropfte Bohnen mit den Tomaten, den Frühlingszwiebeln und den Kräutern in eine Schüssel füllen. Die Marinade darüber gießen und unterheben. Den Salat mit Salz und Pfeffer abschmecken.

■ Pro Portion: 519/123 kJ/kcal
6 g Eiweiß • 6 g Fett
12 g Kohlenhydrate • 5 g Ballaststoffe • 0,05 mg Cholesterin

Für Griechenland- und Italienurlauber kein Unbekannter: der saftige Bohnensalat.

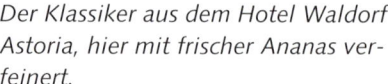

Waldorfsalat
mit Ananas

1. Selleriestangen waschen, putzen und fein würfeln. Das zarte Grün hacken. Knollensellerie schälen, waschen, grob raspeln und mit Zitronensaft vermischen.

2. Die Äpfel waschen, entkernen und fein würfeln. Mit beiden Selleriesorten vermischen. Die Walnusskerne grob hacken.

3. Die Joghurt-Salatcreme mit der Milch glatt rühren und mit Pfeffer würzen. Mit der Sellerie-Apfel-Mischung, Walnüssen und Selleriegrün vermischen. Den Salat zugedeckt mindestens 1 Stunde kalt stellen.

4. Kurz vor dem Servieren das Ananasfleisch in kleine Stücke schneiden und unter den Waldorfsalat heben.

■ Pro Portion: 485/116 kJ/kcal
3 g Eiweiß • 4 g Fett
15 g Kohlenhydrate • 5 g Ballaststoffe • 0,8 mg Cholesterin

ZUTATEN FÜR 4 PORTIONEN

2–3 STANGEN STAUDENSELLERIE (200 G)

200 G KNOLLENSELLERIE

3 EL ZITRONENSAFT

2 KLEINE ÄPFEL

2 EL WALNUSSKERNE

2 EL JOGHURT-SALATCREME (30 % FETT)

4–5 EL MILCH (1,5 % FETT)

WEISSER PFEFFER

200 G FRISCHES ANANASFLEISCH

ZUBEREITUNGSZEIT:
30 MINUTEN

MARINIERZEIT:
1 STUNDE

Nudelsalat
mit Hähnchenbrust

1. Nudeln in Salzwasser bissfest kochen.

2. Sellerie waschen, putzen und in feine Scheiben schneiden. Apfel und Weintrauben waschen. Apfel entkernen, in Spalten schneiden, sofort mit etwas Zitronensaft vermischen. Trauben abzupfen und halbieren. Den Aufschnitt in Streifen schneiden.

3. Die Nudeln abgießen, kalt abschrecken und abtropfen lassen. Dickmilch mit Milch, Chilisauce, 1 bis 2 Esslöffeln Zitronensaft und Petersilie verrühren. Mit Salz und Cayennepfeffer würzen.

4. Nudeln, Sellerie, Apfel, Trauben, Aufschnitt und die Sauce vermischen und zugedeckt 1 Stunde durchziehen lassen.

5. Radicchio waschen, putzen und in mundgerechte Stücke zupfen, unter den Salat heben.

■ Pro Portion: 912/218 kJ/kcal
13 g Eiweiß • 2 g Fett
36 g Kohlenhydrate • 4 g Ballaststoffe • 20 mg Cholesterin

ZUTATEN FÜR 4 PORTIONEN

125 G HÖRNCHENNUDELN

JODSALZ

2 STANGEN STAUDENSELLERIE

1 ROTSCHALIGER APFEL

150 G BLAUE WEINTRAUBEN

3–4 EL ZITRONENSAFT

100 G HÄHNCHENBRUST-AUFSCHNITT

200 G DICKMILCH (1,5 % FETT)

50 ML MILCH (1,5 % FETT)

2 EL SÜSSSCHARFE CHILISAUCE

2 EL GEHACKTE PETERSILIE

CAYENNEPFEFFER

1 KLEINER RADICCHIO

ZUBEREITUNGSZEIT:
25 MINUTEN

MARINIERZEIT:
1 STUNDE

Gemüsecrostini
ohne Brot

1. Quark mit Frischkäse und so viel Mineralwasser verrühren, dass eine streichfähige Masse entsteht. Salzen, pfeffern und kalt stellen.

2. Zucchini, Gurke und Tomaten waschen und putzen. Die Paprikaschoten vierteln, entkernen und waschen.

3. Für das Tomatenpesto die Tomaten fein würfeln, dabei die Stielansätze entfernen. Die Petersilie waschen und fein hacken. Mit den Tomatenwürfeln und dem

Öl vermischen. Den Knoblauch schälen und dazupressen, mit Salz und Pfeffer abschmecken.

4. Zucchini und Gurke schräg in fingerdicke Scheiben schneiden. Zucchini- und Gurkenscheiben sowie die Paprikaviertel mit dem Quark bestreichen. Das Tomatenpesto darauf verteilen.

■ Pro Portion: 502/119 kJ/kcal
10 g Eiweiß • 5 g Fett
8 g Kohlenhydrate • 5 g Ballaststoffe • 4,9 mg Cholesterin

ZUTATEN FÜR 4 PORTIONEN

150 G MAGERQUARK (10 % FETT)

100 G BUTTERMILCH-FRISCHKÄSE (8 % FETT)

ETWAS MINERALWASSER

JODSALZ

SCHWARZER PFEFFER

250 G FESTE ZUCCHINI

1/2 SALATGURKE

2 TOMATEN

2 KLEINE GELBE PAPRIKASCHOTEN

1/2 BUND GLATTE PETERSILIE

2 TL KALTGEPRESSTES OLIVENÖL

1 KNOBLAUCHZEHE

ZUBEREITUNGSZEIT:
30 MINUTEN

Süßsaurer Tofu
auf Gemüse

1. Den Tofu zwischen Küchenpapier auspressen, würfeln und mit 2 Esslöffeln Sojasauce marinieren.

2. Möhren schälen, die Bambussprossen abtropfen lassen und beides in Stifte schneiden. Die Frühlingszwiebeln waschen und schräg in Scheibchen schneiden.

3. Gemüse in kochendem Wasser 1 Minute blanchieren. Abgießen, kalt abschrecken und gut abtropfen lassen.

4. Tofuwürfel, die Bambussprossen und das blanchierte Gemüse auf vier Schälchen verteilen.

5. Die restliche Sojasauce mit Essig, Mirin, Sake und Zucker aufkochen. Tofu und Gemüse mit der kochenden Sauce übergießen und sofort servieren.

■ Pro Portion: 740/176 kJ/kcal
14 g Eiweiß • 6 g Fett
13 g Kohlenhydrate • 3 g Ballaststoffe • 0 mg Cholesterin

ZUTATEN FÜR 4 PORTIONEN

500 G KRÄUTERTOFU

100 ML SOJASAUCE

2 MÖHREN

150 G BAMBUSSPROSSEN (AUS DER DOSE)

1 BUND FRÜHLINGSZWIEBELN

6 EL REISESSIG ODER MILDER WEISSWEINESSIG

2 EL MIRIN (JAPANISCHER KOCHWEIN, ERSATZWEISE CREAM-SHERRY)

2 EL SAKE (REISWEIN)

2 EL ZUCKER

ZUBEREITUNGSZEIT:
20 MINUTEN

Feigen
mit Walnussfüllung

ZUTATEN FÜR 4 PORTIONEN

8 REIFE FEIGEN
2 EL GEMAHLENE WALNÜSSE
200 G CREMEQUARK (0,2 % FETT)
1 TL ZITRONENSAFT
SCHWARZER PFEFFER

ZUBEREITUNGSZEIT:
10 MINUTEN

1. Die Feigen behutsam waschen und abtrocknen. Jeweils einen Deckel abschneiden und das Fruchtfleisch vorsichtig mit einem Teelöffel herausheben.

2. Das ausgehöhlte Fruchtfleisch mit einer Gabel zerdrücken. Die Walnüsse unterrühren, dann mit dem Cremequark locker vermischen. Die Füllung mit Zitronensaft und frisch gemahlenem Pfeffer würzen.

3. Die Mischung in die Feigen füllen und die Deckel schräg auflegen. Die Feigen auf eine Platte setzen und mit grob gemahlenem Pfeffer bestreuen. Nach Belieben mit Vollkorntoast oder Fladenbrot servieren.

■ Pro Portion: 505/120 kJ/kcal
9 g Eiweiß • 4 g Fett
13 g Kohlenhydrate • 2 g Ballaststoffe • 0,5 mg Cholesterin

Dicke Gurkenscheiben und kleine Paprikaviertel lassen sich wie Crostini herrlich bestreichen oder füllen.

Auberginenpüree
mit Knoblauch

1. Den Backofen auf 200 °C (Umluft 180 °C, Gas Stufe 2–3) vorheizen. Die Auberginen waschen, trockenreiben, mehrmals mit einer Gabel einstechen und nebeneinander auf ein mit Back-papier ausgelegtes Backblech legen. Etwa 40 Minuten backen, bis die Haut runzelig wird.

2. Die Auberginen aus dem Backofen nehmen und vorsichtig häuten. Das Fruchtfleisch etwas abkühlen lassen. Anschließend mit einer Gabel fein zerdrücken oder im Mixer pürieren.

3. Den Knoblauch schälen und zum Püree drücken. Öl und Zi-tronensaft hinzufügen und alles unterrühren. Mit Salz, Pfeffer und Paprikapulver abschmecken. Zugedeckt kalt stellen.

4. Das Auberginenpüree zum Servieren mit Paprikapulver leicht bestäuben und mit Minzeblätt-chen garnieren.

■ Pro Portion: 281/67 kJ/kcal
3 g Eiweiß • 3 g Fett
7 g Kohlenhydrate • 5 g Ballast-stoffe • 0,03 mg Cholesterin

ZUTATEN FÜR 4 PORTIONEN

750 G MITTELGROßE AUBERGINEN
2–3 KNOBLAUCHZEHEN
1 EL KALTGEPRESSTES OLIVENÖL
1–2 EL ZITRONENSAFT
JODSALZ
WEIßER PFEFFER
PAPRIKAPULVER EDELSÜß
MINZEBLÄTTCHEN ZUM GARNIEREN

ZUBEREITUNGSZEIT:
30 MINUTEN
BACKZEIT:
40 MINUTEN

Marinierte Möhren
Sizilianische Art

1. Die Möhren waschen und das Möhrengrün bis auf 1 Zenti-meter abschneiden. Die Möhren schälen.

2. Die Gemüsebrühe mit 3 Ess-löffeln Orangensaft, 1/2 Esslöffel Honig und etwas Salz und Pfeffer aufkochen. Die Möhren bei schwacher Hitze zugedeckt etwa 15 Minuten garen.

3. Spinat und Kräuter waschen und gut abtropfen lassen.

4. Balsamicoessig mit restlichem Orangensaft, Rosinen, dem übri-gen Honig, Öl, etwas Salz, Pfeffer und 5 Esslöffeln Möhrensud zu einer Marinade verrühren.

5. Die Möhren abgießen und auf dem Spinat anrichten. Alles mit der Marinade beträufeln.

■ Pro Portion: 562/134 kJ/kcal
4 g Eiweiß • 6 g Fett
15 g Kohlenhydrate • 8 g Ballast-stoffe • 0 mg Cholesterin

ZUTATEN FÜR 4 PORTIONEN

600 G JUNGE MÖHREN MIT GRÜN
250 ML GEMÜSEBRÜHE
SAFT VON 1 ORANGE
1 EL HONIG
JODSALZ
SCHWARZER PFEFFER
300 G ZARTE SPINATBLÄTTER
4 STIELE PETERSILIE, KERBEL ODER BASILIKUM
3 EL WEIßER ACETO BALSAMICO
2 EL KALT GEPRESSTES OLIVENÖL
1 EL ROSINEN

ZUBEREITUNGSZEIT:
35 MINUTEN

Gratinierte Tomaten
mit Grissini

ZUTATEN FÜR 4 PORTIONEN

6 GLEICH GROßE TOMATEN
1 EL KALTGEPRESSTES OLIVENÖL
JODSALZ
SCHWARZER PFEFFER
1 BUND GLATTE PETERSILIE
1 KNOBLAUCHZEHE
2 EL GESCHÄLTE MANDELN
2 EL GEMÜSEBRÜHE
2 EL FRISCH GERIEBENER PARMESAN
150 G GRISSINI
(DÜNNE BROTSTANGEN)

ZUBEREITUNGSZEIT:
15 MINUTEN
BACKZEIT:
15 MINUTEN

1. Den Backofen auf 225 °C (Umluft 200 °C, Gas Stufe 4–5) vorheizen. Die Tomaten waschen, trockenreiben und quer halbieren. Mit den Schnittflächen nach oben nebeneinander in eine leicht eingeölte Gratinform setzen. Die Schnittflächen salzen und pfeffern.

2. Die Petersilie waschen, trockenschütteln und die Blättchen von den Stielen zupfen. Den Knoblauch schälen und vierteln. Mandeln mit Knoblauch, Petersilie, restlichem Öl und der Brühe mit dem Stabmixer fein pürieren.

3. Den Parmesan unter die Petersilienmischung rühren. Eventuell mit Salz und Pfeffer abschmecken. Die Mischung auf den Tomatenhälften verteilen.

4. Die Tomaten in der Mitte des Backofens etwa 15 Minuten überbacken. Mit den Grissini servieren.

◼ Pro Portion: 767/183 kJ/kcal
4 g Eiweiß • 8 g Fett
24 g Kohlenhydrate • 2 g Ballaststoffe • 4 mg Cholesterin

Heringshäckerle
auf Pumpernickel

ZUTATEN FÜR 4 PORTIONEN

4 HERINGS- ODER MATJESFILETS
(À 80 G)
2 KLEINE TOMATEN
1 KLEINE GEWÜRZGURKE
1–2 TL KLEINE KAPERN
1–2 EL ZITRONENSAFT
WEIßER PFEFFER
3 ZWEIGE DILL
16 RUNDE PUMPERNICKELSCHEIBEN

ZUBEREITUNGSZEIT:
20 MINUTEN
KÜHLZEIT:
20 MINUTEN

1. Die Fischfilets kurz waschen, trockentupfen und noch vorhandene Gräten mit einer Pinzette herausziehen. Die Filets in kleine Würfel schneiden.

2. Die Tomaten überbrühen, häuten, halbieren und entkernen. Tomaten und Gewürzgurke sehr fein würfeln. Gemüse mit den Fischwürfeln und den Kapern vermischen. Mit 1 Esslöffel Zitronensaft und Pfeffer würzen. Zugedeckt 20 Minuten kalt stellen.

3. Den Dill waschen, trockenschütteln und einige schöne Dillspitzen beiseite legen. Den Rest unter das Heringshäckerle mischen. Häckerle eventuell mit Pfeffer und restlichem Zitronensaft nachwürzen, auf den Brotscheiben verteilen und mit Dillspitzen garniert servieren.

◼ Pro Portion: 1053/251 kJ/kcal
17 g Eiweiß • 13 g Fett
16 g Kohlenhydrate • 4 g Ballaststoffe • 80 mg Cholesterin

Gazpacho
mit gerösteten Brotwürfeln

1. 5 Scheiben Toastbrot in Wasser kurz einweichen. Die Zwiebel schälen und grob würfeln.

2. Das Brot gut ausdrücken, mit der Zwiebel und dem Öl im Mixer pürieren.

3. Die Tomaten in einem Sieb abtropfen lassen, den Saft auffangen. Die Tomaten in Stücke schneiden. Die Gurke schälen, längs halbieren, entkernen und grob zerkleinern. Die Paprikaschoten waschen, putzen und ebenfalls grob zerkleinern.

4. Jeweils 2 Esslöffel Gurke und Paprikaschote sehr fein würfeln, zugedeckt beiseite stellen. Restliche Gurke, Paprikaschoten und die Tomaten samt Saft im Mixer oder mit dem Stabmixer fein zerkleinern. Den Knoblauch schälen und dazupressen.

5. Die Gemüsemischung mit dem Brotpüree verrühren. Falls die Suppe zu dickflüssig ist, etwas Wasser hinzufügen. Gazpacho mit Salz, Pfeffer und Essig abschmecken und zugedeckt 1 Stunde kalt stellen.

6. Zum Servieren das restliche Toastbrot in Würfel schneiden und in einer Pfanne ohne Fett rösten. Die Brotwürfel etwas abkühlen lassen. Die Oliven in Scheiben schneiden. Die Suppe nochmals abschmecken, mit den restlichen Gemüsewürfeln, den Oliven und den Brotwürfeln bestreuen.

■ Pro Portion: 975/232 kJ/kcal
7 g Eiweiß • 9 g Fett
30 g Kohlenhydrate • 7 g Ballaststoffe • 0,05 mg Cholesterin

Tipp

Gazpacho, die nicht gekochte, gekühlte Sommersuppe aus Spanien, lässt sich beliebig variieren. Besonders erfrischend schmeckt sie, wenn man etwas Stangensellerie, Fenchelknolle oder Radieschen untermischt. Übrigens: Ganz original isst man die Suppe aus Tontöpfen – und zwar mit einem Holzlöffel!

ZUTATEN FÜR 4 PORTIONEN

8 SCHEIBEN VOLLKORN-TOASTBROT

1 WEISSE ZWIEBEL

2 EL OLIVENÖL

1 GROSSE DOSE (850 ML) GESCHÄLTE TOMATEN

1 MITTELGROSSE SALATGURKE

JE 1 KLEINE ROTE, GELBE UND GRÜNE PAPRIKASCHOTE

2–3 KNOBLAUCHZEHEN

JODSALZ

WEISSER PFEFFER

2–3 EL SHERRY- ODER WEISSWEINESSIG

50 G GRÜNE OLIVEN OHNE STEIN

ZUBEREITUNGSZEIT:
30 MINUTEN

KÜHLZEIT:
1 STUNDE

Eiskalt serviert begeistert dieses spanische Suppenrezept so manchen Gemüsemuffel.

Linsensuppe
mit getrockneten Aprikosen

1. Die Schalotte schälen, würfeln und im heißen Öl andünsten. Die Linsen, die Aprikosen und die Brühe hinzufügen, mit Koriander würzen. Alles aufkochen und zugedeckt bei schwacher Hitze etwa 15 Minuten sanft kochen.

2. Inzwischen die Orange heiß abwaschen, trockenreiben und die Schale in feinen Streifchen mit einem Zestenreißer abziehen. Die Orange auspressen.

3. Die Suppe mit dem Stabmixer fein pürieren. Den Orangensaft und den Joghurt unterrühren. Suppe nochmals erhitzen, aber nicht aufkochen lassen. Mit Salz, Pfeffer und einem Hauch Cayennepfeffer würzen und mit Orangenschalenstreifen und Petersilienblättchen bestreuen.

▪ Pro Portion: 906/216 kJ/kcal
12 g Eiweiß • 4 g Fett
32 g Kohlenhydrate • 7 g Ballaststoffe • 1 mg Cholesterin

ZUTATEN FÜR 4 PORTIONEN

1 SCHALOTTE
1 EL RAPSÖL
150 G ROTE LINSEN
4 GETROCKNETE APRIKOSEN
750 ML GEMÜSEBRÜHE
1/2 TL GEMAHLENER KORIANDER
1 ORANGE (UNBEHANDELT)
100 G JOGHURT (1,5 % FETT)
JODSALZ
WEISSER PFEFFER
CAYENNEPFEFFER
EINIGE PETERSILIENBLÄTTCHEN

ZUBEREITUNGSZEIT:
30 MINUTEN

Italienische Gemüsesuppe
mit Pesto

1. Die weißen Bohnen in einem Sieb abtropfen lassen. Die Kartoffeln waschen, schälen und in kleine Würfel schneiden. Das tiefgekühlte Gemüse unaufgetaut in einen Topf geben. Kartoffeln, Bohnen und Brühe hinzufügen. Mit Lorbeerblatt, Salz und Pfeffer würzen. Alles aufkochen und bei mittlerer Hitze zugedeckt 15 Minuten kochen lassen.

2. Inzwischen die Tomaten waschen und fein würfeln, dabei die Stielansätze entfernen. Die Tomatenwürfel in die Suppe rühren.

3. Die Gemüsesuppe mit Salz und Pfeffer abschmecken, in tiefe Teller verteilen. Jeweils 1 Teelöffel Pesto und 1 Esslöffel Parmesan auf die Suppe geben.

▪ Pro Portion: 736/175 kJ/kcal
11 g Eiweiß • 6 g Fett
20 g Kohlenhydrate • 7 g Ballaststoffe • 8 mg Cholesterin

ZUTATEN FÜR 4 PORTIONEN

1 DOSE (425 ML) WEISSE BOHNEN
2 KARTOFFELN
300 G TIEFGEKÜHLTES SUPPENGEMÜSE
1 L GEMÜSEBRÜHE
1 LORBEERBLATT
JODSALZ
SCHWARZER PFEFFER
2 TOMATEN
4 TL PESTO (AUS DEM GLAS)
4 GESTRICHENE EL FRISCH GERIEBENER PARMESAN

ZUBEREITUNGSZEIT:
20 MINUTEN

veerenbov.

Rosenkohl-Curry-
Suppe

ZUTATEN FÜR 4 PORTIONEN

1 STÜCK FRISCHER INGWER
(CA. 2 CM)

1 KLEINE ZWIEBEL

500 G ROSENKOHL

200 G UNGESÜßTE KOKOSMILCH
(AUS DER DOSE)

2 TL CURRYPULVER

400 ML GEMÜSEBRÜHE

JODSALZ

WEIßER PFEFFER

2–3 EL ZITRONENSAFT

ZUBEREITUNGSZEIT:
35 MINUTEN

1. Den Ingwer und die Zwiebel schälen, beides sehr fein würfeln. Den Rosenkohl waschen, putzen und je nach Größe halbieren oder vierteln.

2. Die Kokosmilch in einem Topf erhitzen. Den Ingwer und die Zwiebel darin 1 Minute leise kochen lassen. Das Currypulver am besten mit einem Schnee-besen unterrühren und die Brühe angießen.

3. Den Rosenkohl in die koc Brühe geben und bei mittler Hitze zugedeckt in 10 bis 15 Minuten bissfest garen.

4. Die Suppe mit Salz, Pfeffe Zitronensaft abschmecken un vorgewärmte tiefe Teller fülle

■ Pro Portion: 645/156 kJ/kc 7 g Eiweiß • 9 g Fett 8 g Kohlenhydrate • 6 g Ballast-stoffe • 0 mg Cholesterin

Rosenkohlfans aufgepasst! Diese asiatisch angehauchte Suppe dürfte Ihnen besonders schmecken.

Vegetarisches
Ohne Fleisch geht's auch

Wenn Sie diese köstlichen
Gemüsegerichte einmal probiert
haben, dann wird Ihnen eines mit
Sicherheit nicht auf dem Teller fehlen:
Fleisch. Frisches Gemüse, Kartoffeln,
Hülsenfrüchte und Getreide wie Reis
oder Hirse haben zudem einen
entscheidenden Pluspunkt: Richtig
kombiniert ist ihre Eiweißqualität
besser als die von Fleisch, und das
ohne auch nur ein einziges Milligramm
Cholesterin zu liefern!

Gedämpftes Gemüse
mit Kräutercreme

1. Das Gemüse je nach Sorte waschen, putzen oder schälen und in etwa gleich große Stücke schneiden. In einen Dämpfeinsatz legen.

2. Im Topf die Brühe mit so viel Wasser auffüllen, dass die Flüssigkeit 2 Zentimeter hoch ist. Die Gewürznelken, Wacholderbeeren, Lorbeerblätter und die Zitronenschale dazugeben und aufkochen.

3. Den Dämpfeinsatz in den Topf stellen und das Gemüse zugedeckt bei mittlerer Hitze 20 bis 25 Minuten bissfest garen.

4. Die Kräuter waschen, trockenschütteln und hacken. Den Knoblauch schälen und durch die Presse in eine Schüssel drücken. Mit Kräutern, Quark, Cremequark, Salz und Kümmel verrühren.

5. Das heiße Gemüse mit der Kräutercreme auf vorgewärmten Tellern servieren. Dazu schmecken gut Pellkartoffeln.

■ Pro Portion: 903/216 kJ/kcal
26 g Eiweiß • 4 g Fett
17 g Kohlenhydrate • 10 g Ballaststoffe • 11 mg Cholesterin

ZUTATEN FÜR 4 PORTIONEN

1,2 KG GEMISCHTES GEMÜSE (BROKKOLI, 1 STÜCK WIRSING, MÖHREN, FENCHEL, KOHLRABI)

2 ZWIEBELN

125 ML GEMÜSEBRÜHE

2 GEWÜRZNELKEN

2 WACHOLDERBEEREN

2 LORBEERBLÄTTER

1 STÜCK UNBEHANDELTE ZITRONENSCHALE

1 BUND GEMISCHTE KRÄUTER

4 KNOBLAUCHZEHEN

250 G QUARK (20 % FETT)

300 G CREMEQUARK (0,2 % FETT)

JODSALZ, 1 TL KÜMMEL

ZUBEREITUNGSZEIT: 45 MINUTEN

Kartoffelrisotto
mit Rosmarin

1. Die Kartoffeln schälen, waschen und grob reiben. Zwiebel und Knoblauch schälen und fein hacken. Den Rosmarinzweig waschen und trockenschütteln.

2. 1/2 Esslöffel Butter erhitzen. Kartoffeln, Zwiebel und Knoblauch darin andünsten. Den Reis einstreuen und kurz mitdünsten.

3. Die Hälfte der Brühe und den Rosmarin in den Topf geben. Risotto bei mittlerer Hitze unter gelegentlichem Rühren leise kochen lassen, nach und nach die Gemüsebrühe dazugießen.

4. Den Risotto mit Salz und Pfeffer würzen. Etwas Käse mit der restlichen Butter unter den Risotto rühren. Den restlichen Käse getrennt dazureichen.

■ Pro Portion: 1583/378 kJ/kcal
12 g Eiweiß • 6 g Fett
69 g Kohlenhydrate • 5 g Ballaststoffe • 12 mg Cholesterin

ZUTATEN FÜR 4 PORTIONEN

500 G MEHLIG KOCHENDE KARTOFFELN

1 ZWIEBEL

1–2 KNOBLAUCHZEHEN

1 KLEINER ZWEIG ROSMARIN

1 EL HALBFETT- ODER JOGHURTBUTTER

250 G RISOTTOREIS (ARBORIO, CARNAROLI ODER VIALONE-NANO)

1 L HEISSE GEMÜSEBRÜHE

JODSALZ

WEISSER PFEFFER

40 G GERIEBENER GRANA PADANO ODER PARMESAN

ZUBEREITUNGSZEIT: 45 MINUTEN

Barbecuegemüse
mit Feta

ZUTATEN FÜR 4 PORTIONEN

1,5 KG GEMISCHTES GEMÜSE
(Z. B. MÖHREN, ZUCCHINI,
STAUDENSELLERIE, GRÜNER SPARGEL,
PAPRIKASCHOTEN)

3 ZWEIGE FRISCHE KRÄUTER
(Z. B. THYMIAN, ROSMARIN)

1–2 KNOBLAUCHZEHEN
NACH BELIEBEN

1 EL OLIVENÖL

2 EL ZITRONENSAFT

3 EL GEMÜSEBRÜHE

JODSALZ

WEIßER PFEFFER

150 G WEICHER SCHAFKÄSE
(FETA, 40 % FETT I.TR.)

ZUBEREITUNGSZEIT:
45 MINUTEN

1. Das Gemüse je nach Sorte waschen, putzen oder schälen. Möhren, Zucchini und Staudensellerie in fingerdicke und gleich lange Stifte schneiden. Den Spargel quer halbieren. Die Paprikaschoten längs in Streifen schneiden.

2. Die Kräuter waschen, trockenschütteln und die Zweige in kleinere Stücke schneiden. Gemüse und Kräuter in eine Schüssel füllen. Den Backofen- oder Elektrogrill einschalten.

3. Den Knoblauch schälen. Das Öl mit Zitronensaft und Brühe mischen, salzen und pfeffern. Den Knoblauch durch eine Presse in die Marinade drücken. Mit der Gemüse-Kräuter-Mischung verrühren. Den Käse würfeln und untermischen.

4. Alles in zwei Alugrillschalen (ohne Löcher) verteilen. Das Gemüse in den Backofen schieben und 8 bis 10 Minuten grillen. Währenddessen einmal umrühren.

5. Das Barbecuegemüse auf Tellern anrichten, mit einem Hauch grobem Pfeffer übermahlen und servieren. Dazu passt Fladenbrot.

■ Pro Portion: 836/199 kJ/kcal
12 g Eiweiß • 10 g Fett
13 g Kohlenhydrate • 10 g Ballaststoffe • 0,03 mg Cholesterin

Tipp
Gemüse sollten Sie nach Möglichkeit immer saisongerecht einkaufen. Frisches Gemüse, das aus dem heimischen Freilandanbau auf den Markt kommt, hat mehr Vitalstoffe zu bieten als Salat, Tomate und Co., die aus dem Treibhaus stammen und lange Transportwege hinter sich haben. Eine gute Alternative ist die erntefrisch verarbeitete Gemüse-Tiefkühlware; mit ihr können Sie für mehr Abwechslung sorgen.

Gefüllte und überbackene
Champignons

1. Den tiefgekühlten Rahmspinat auftauen lassen. Inzwischen die Tomaten mit kochendem Wasser überbrühen, häuten, halbieren und mit einem Teelöffel entkernen. Das Tomatenfruchtfleisch fein würfeln, dabei die Stielansätze entfernen.

2. Basilikum nur falls nötig kurz waschen und trockentupfen. Die Blätter abzupfen und in Streifen schneiden. Die Tomatenwürfel mit der Hälfte des Basilikums, dem Öl und je 2 Prisen Salz und Zucker vermischen. Gleichmäßig auf dem Boden einer flachen Auflaufform verteilen.

3. Den Backofen auf 200 °C (Umluft 180 °C, Gas Stufe 3–4) vorheizen.

4. Die Champignons kurz waschen, trockentupfen und putzen. Die Pilzstiele vorsichtig herausdrehen und fein hacken. Die Pilzköpfe innen leicht salzen. Den Knoblauch schälen. Den Käse fein reiben.

5. Den aufgetauten Spinat mit den Pilzstielen und der sauren Sahne vermischen. Den Knob-lauch dazupressen. Die Füllung mit Salz und Pfeffer würzig abschmecken und mit einem Löffel in die Champignonköpfe füllen.

6. Die gefüllten Champignons nebeneinander in die Auflaufform setzen und mit dem geriebenen Käse bestreuen. Die Pilze im heißen Backofen 15 bis 20 Minuten backen.

7. Die gefüllten Champignons aus dem Backofen nehmen und mit dem restlichen Basilikum bestreuen. Dazu Kartoffelpüree oder einen gemischten Salat und etwas Mehrkornbaguette servieren.

■ Pro Portion: 564/135 kJ/kcal
9 g Eiweiß • 9 g Fett
5 g Kohlenhydrate • 4 g Ballast-stoffe • 3 mg Cholesterin

Tipp
Die gefüllten Champignons schmecken auch lauwarm sehr gut. Man kann sie prima vorbereiten und als Auftakt eines Menüs oder auf einem Party-büffet servieren.

ZUTATEN FÜR 4 PORTIONEN

150 G TIEFGEKÜHLTER RAHMSPINAT

500 G VOLLREIFE TOMATEN

1/2 BUND BASILIKUM

2 EL OLIVENÖL

JODSALZ

2 PRISEN ZUCKER

20 GROSSE CHAMPIGNONS
(ETWA 1 KG)

1–2 KNOBLAUCHZEHEN

50 G EDAMER (30 % FETT I.TR.)

2 EL SAURE SAHNE

WEISSER PFEFFER

ZUBEREITUNGSZEIT:
1 STUNDE

BACKZEIT:
20 MINUTEN

Chinagemüse
aus dem Wok

ZUTATEN FÜR 4 PORTIONEN

2 EL GETROCKNETE MU-ERR-PILZE

1 KLEINER CHINAKOHL

1 GROßE ROTE PAPRIKASCHOTE

200 G ZUCCHINI

100 G FRISCHE SHIITAKE-PILZE

100 G ZUCKERSCHOTEN

100 G SOJABOHNENSPROSSEN

200 G MAISKÖLBCHEN

1 KNOBLAUCHZEHE

1 STÜCK FRISCHER INGWER (CA. 1 CM)

1 EL SOJAÖL, 1 EL SESAMÖL

2 EL HELLE SOJASAUCE

150 ML GEMÜSEBRÜHE

JODSALZ, SCHWARZER PFEFFER

ZUBEREITUNGSZEIT:
45 MINUTEN

1. Die Mu-Err-Pilze mit kochendem Wasser übergießen und 20 Minuten quellen lassen.

2. Gemüse waschen und putzen. Chinakohl, Paprikaschote und Zucchini in Streifen schneiden. Die Shiitake-Pilze vierteln. Die Maiskölbchen längs halbieren. Pilze abgießen, abspülen und in Stücke zupfen. Knoblauch und Ingwer schälen und sehr fein hacken.

3. Öle im Wok erhitzen. Knoblauch und Ingwer darin anbraten. Paprika, Zucchini und einge-

weichte Pilze zugeben und unter Rühren bei starker Hitze 3 Minuten braten.

4. Frische Pilze, Chinakohl, Zuckerschoten, Sprossen und Maiskölbchen hinzufügen und weitere 2 Minuten pfannenrühren. Sojasauce und Brühe zum Gemüse gießen, aufkochen und bissfest fertig garen. Abschmecken.

■ Pro Portion: 740/177 kJ/kcal
8 g Eiweiß • 7 g Fett
22 g Kohlenhydrate • 8 g Ballaststoffe • 0,1 mg Cholesterin

Asien lässt grüßen, mit pfannengerührten Köstlichkeiten.

So einfach und doch so gut: Zu den knusprig gebackenen Ofenkartoffeln braucht es nichts weiter als einen wirklich guten Dip.

Ofenkartoffeln
mit Radieschendip

1. Backofen auf 180 °C (Umluft 160 °C, Gas Stufe 2–3) vorheizen. Kartoffeln unter fließendem Wasser abbürsten. Längs halbieren und in eine eingeölte feuerfeste Form setzen. Mit Kümmel und Meersalz bestreuen, 40 Minuten backen.

2. Den Cremequark mit Salz, Cayennepfeffer, 1 Prise Zucker, Senf, 5 Esslöffeln Zitronensaft und 2 Esslöffeln Obstessig verrühren.

3. Radieschen waschen, in Streifen schneiden und untermischen.

4. Die Sprossen in einem Sieb waschen, gut abtropfen lassen. In einer Schüssel je 1 Esslöffel Zitronensaft und Essig, etwas Salz und Zucker mischen.

5. Die Ofenkartoffeln mit Radieschendip und Sprossen anrichten. Die Kresse waschen und darüber streuen.

■ Pro Portion: 1624/388 kJ/kcal
26 g Eiweiß • 5 g Fett
56 g Kohlenhydrate • 8 g Ballaststoffe • 1 mg Cholesterin

ZUTATEN FÜR 4 PORTIONEN

8 VORWIEGEND FEST KOCHENDE KARTOFFELN (À 150 G)
3 EL OLIVENÖL
1–2 TL KÜMMEL
ETWAS GROBES MEERSALZ
500 G CREMEQUARK (0,2 % FETT)
JODSALZ, CAYENNEPFEFFER
ZUCKER, 1 TL SENF
6 EL ZITRONENSAFT, 3 EL OBSTESSIG
1 GROßES BUND RADIESCHEN
200 G SPROSSEN (Z. B. ALFALFA)
1 KÄSTCHEN KRESSE

ZUBEREITUNGSZEIT:
20 MINUTEN
BACKZEIT:
40 MINUTEN

Blumenkohlcurry
mit Erbsen

1. Blumenkohl in kleine Röschen teilen, waschen und abtropfen lassen. Die Stiele schälen und fein würfeln. Zwiebeln schälen, halbieren und in feine Ringe schneiden. Die Chilischote waschen, entkernen und in feine Streifen schneiden. Tomaten überbrühen, häuten, entkernen und würfeln.

2. Das Öl im Wok erhitzen. Zwiebeln, Chilischote und Ingwer unter Rühren darin andünsten. Currypulver und Zucker unterrühren.

3. Blumenkohl, Tomaten und Brühe hinzufügen. Bei mittlerer Hitze 10 Minuten schmoren. Die Erbsen zum Curry geben und kurz mitgaren. Die Petersilienblättchen waschen und trockenschütteln. Das Curry mit Salz abschmecken und mit Petersilie bestreut servieren.

■ Pro Portion: 629/151 kJ/kcal
10 g Eiweiß • 6 g Fett
14 g Kohlenhydrate • 10 g Ballaststoffe • 0,1 mg Cholesterin

ZUTATEN FÜR 4 PORTIONEN

1 BLUMENKOHL (CA. 1 KG)
2 ZWIEBELN
1 FRISCHE ROTE CHILISCHOTE
2 TOMATEN
2 EL RAPSÖL
1 TL FRISCH GERIEBENER INGWER
1 EL CURRYPULVER
1/2 TL ZUCKER
150 ML GEMÜSEBRÜHE
150 G TIEFGEKÜHLTE ERBSEN
JODSALZ
1 EL PETERSILIENBLÄTTCHEN

ZUBEREITUNGSZEIT:
45 MINUTEN

Quarkfrikadellen
mit mariniertem Gemüse

1. Für die Frikadellen den Mager-quark in einem Sieb abtropfen lassen. Die Zwiebel schälen und fein würfeln. Quark mit Zwiebel, Grieß, Eiern, Salz und Pfeffer ver-rühren und mindestens 30 Minu-ten quellen lassen.

2. Inzwischen die Zuckerschoten waschen, die Enden abschneiden. Kohlrabi und Möhren schälen und würfeln. Zucchini waschen, putzen und in Scheiben schnei-den. Paprikaschote waschen, halbieren, putzen und in Streifen schneiden.

3. In einem Topf 1 Liter Wasser mit Salz zum Kochen bringen. Das Gemüse darin portionsweise 4 Minuten blanchieren, kurz kalt abschrecken und abtropfen lassen.

4. Den Senf mit Brühe, Zitronen-saft, Salz und Pfeffer verrühren, das Öl unterschlagen. Die Sauce mit Salz und Pfeffer abschmecken, mit dem Gemüse mischen und zugedeckt ziehen lassen.

5. Aus dem Quarkteig kleine Frikadellen formen und in einer großen beschichteten Pfanne im heißen Öl pro Seite bei mittlerer Hitze 5 Minuten braten.

6. Die Petersilie waschen, trockenschütteln, die Blättchen grob hacken und unter das lauwarme Gemüse mischen, nochmals abschmecken. Auf vorgewärmten Tellern mit den Quarkfrikadellen servieren.

■ Pro Portion: 1906/456 kJ/kcal 28 g Eiweiß • 13 g Fett 54 g Kohlenhydrate • 11 g Ballast-stoffe • 120 mg Cholesterin

Info
Aus fast jeder Getreideart las-sen sich wunderbar vegetari-sche Bratlinge zaubern. Einige Hersteller bieten Trockenmi-schungen – z. B. für Grünkern-bratlinge – an, die nur noch mit Wasser angerührt werden müs-sen. Achten Sie beim Einkauf auf die Zutatenliste, dass nach Möglichkeit nur pflanzliche Fette enthalten sind.

ZUTATEN FÜR 4 PORTIONEN

FÜR DIE FRIKADELLEN:
400 G MAGERQUARK (10 % FETT)
1 ROTE ZWIEBEL
200 G WEIZENVOLLKORNGRIEß
2 EIER (GRÖßE M)
JODSALZ
SCHWARZER PFEFFER
2 EL ÖL ZUM BRATEN

FÜR DAS GEMÜSE:
150 G ZUCKERSCHOTEN
2 KLEINE KOHLRABI
200 G JUNGE MÖHREN
200 G ZUCCHINI
1 ROTE PAPRIKASCHOTE
2 TL SCHARFER SENF
3 EL GEMÜSEBRÜHE
3 EL ZITRONENSAFT
1 1/2 EL RAPSÖL
1 BUND PETERSILIE

ZUBEREITUNGSZEIT:
1 STUNDE 10 MINUTEN

Fleischlos glücklich: Frikadellen aus Quark auf Gemüsebett.

Currybohnen
mit Kartoffeln

ZUTATEN FÜR 4 PORTIONEN

1 KG SCHNITTBOHNEN

300 G KARTOFFELN

JODSALZ

50 G ROSINEN

2 ZWIEBELN

1 EL BUTTER ODER MARGARINE

2 EL CURRYPULVER

250 ML GEMÜSEBRÜHE

300 G JOGHURT (1,5 % FETT)

2 GESTRICHENE TL SPEISESTÄRKE

SCHWARZER PFEFFER

1–2 EL ZITRONENSAFT

ZUBEREITUNGSZEIT:
45 MINUTEN

1. Die Bohnen waschen, putzen und schräg in 1,5 Zentimeter breite Stücke schneiden. Die Kartoffeln waschen, schälen und klein würfeln. Beides in wenig Salzwasser zugedeckt in 15 bis 20 Minuten bissfest kochen.

2. Die Rosinen waschen und in warmem Wasser einweichen. Die Zwiebeln schälen und fein würfeln. Das Fett erhitzen, die Zwiebeln darin glasig dünsten. Currypulver darüber stäuben, kurz mitdünsten. Die Brühe angießen.

3. Joghurt mit Speisestärke glatt rühren, zu den Zwiebeln geben. Die abgetropften Rosinen untermischen. Alles zugedeckt bei schwacher Hitze 5 Minuten garen. Salzen und pfeffern.

4. Bohnen und Kartoffeln abgießen, kurz abtropfen lassen. Mit der Currysauce vermischen. Mit Zitronensaft abschmecken.

▪ Pro Portion: 1052/250 kJ/kcal
11 g Eiweiß • 4 g Fett
42 g Kohlenhydrate • 10 g Ballaststoffe • 6 mg Cholesterin

Risotto
mit gemischten Pilzen

1. Pilze mit Küchenpapier säubern und würfeln. Die Zwiebel schälen, fein hacken. Thymian waschen, trockenschütteln und die Blättchen von den Stielen streifen.

2. Zwiebel und Pilze in Olivenöl andünsten. Thymian zufügen. Reis einrühren und kurz mitdünsten. Den Wein zugießen und im offenen Topf einkochen lassen.

3. So viel Brühe angießen, dass der Reis bedeckt ist. Unter gelegentlichem Rühren kochen. Nach und nach die Brühe zufügen.

4. Nach 10 Minuten Garzeit die Erbsen zum Reis geben, alles noch 15 bis 20 Minuten garen, bis der Reis gar ist, aber noch Biss hat.

5. Die Petersilie waschen, trockenschütteln und fein hacken. Mit der Butter und dem Parmesan unter den Reis mischen. Den Pilzrisotto mit Salz und Pfeffer abschmecken.

■ Pro Portion: 1698/405 kJ/kcal
12 g Eiweiß • 13 g Fett
55 g Kohlenhydrate • 5 g Ballaststoffe • 10 mg Cholesterin

ZUTATEN FÜR 4 PORTIONEN

300 G GEMISCHTE PILZE
(Z. B. STEINPILZE, PFIFFERLINGE, EGERLINGE, CHAMPIGNONS)

1 KLEINE ZWIEBEL

3 EL OLIVENÖL

4 ZWEIGE THYMIAN

250 G RISOTTOREIS
(Z. B. ARBORIO ODER CARNAROLI)

125 ML TROCKENER WEIßWEIN

CA. 700 ML HEIßE GEMÜSEBRÜHE

150 G TIEFGEKÜHLTE ERBSEN

1/2 BUND GLATTE PETERSILIE

1 EL BUTTER

3 EL FRISCH GERIEBENER PARMESAN

JODSALZ, WEIßER PFEFFER

ZUBEREITUNGSZEIT:
45 MINUTEN

Krautfleckerl
auf österreichische Art

1. Den Weißkohl putzen und in kurze, feine Streifen schneiden. Die Zwiebel schälen und würfeln. Die Nudeln in kleine quadratische Stücke brechen und in kochendem Salzwasser nach Packungsanweisung bissfest kochen.

2. Das Öl in einer großen Pfanne erhitzen. Den Zucker im Fett karamellisieren lassen. Die Zwiebel unterrühren und hellgelb dünsten. Die Nudeln abgießen und kurz abtropfen lassen.

3. Weißkohl und Brühe in die Pfanne geben, mit Kümmel, Salz und Pfeffer würzen. Den Kohl bei schwacher Hitze 15 Minuten weichdünsten.

4. Die Nudeln untermischen und weitere 5 Minuten garen. Mit Salz, Pfeffer und Paprikapulver würzen.

■ Pro Portion: 1445/346 kJ/kcal
11 g Eiweiß • 6 g Fett
60 g Kohlenhydrate • 8 g Ballaststoffe • 0 mg Cholesterin

ZUTATEN FÜR 4 PORTIONEN

500 G WEIßKOHL

1 ZWIEBEL

300 G BREITE BANDNUDELN OHNE EI

JODSALZ

2 EL RAPSÖL

1 TL ZUCKER

100 ML GEMÜSEBRÜHE

1 TL KÜMMELSAMEN

SCHWARZER PFEFFER

ETWAS PAPRIKAPULVER

ZUBEREITUNGSZEIT:
35 MINUTEN

Paprikaschoten
mit Hirsefüllung

ZUTATEN FÜR 4 PORTIONEN

250 G HIRSE

JODSALZ

8 KLEINE ROTE PAPRIKASCHOTEN
(CA. 1,5 KG)

2 SCHALOTTEN

150 G FRISCHE PILZE
(PFIFFERLINGE, EGERLINGE
ODER CHAMPIGNONS)

1 EL RAPSÖL

1 BUND GLATTE PETERSILIE

3 EL SAHNE (30 % FETT)

SCHWARZER PFEFFER

MUSKATNUSS

200 ML GEMÜSEBRÜHE

ZUBEREITUNGSZEIT:
45 MINUTEN

GARZEIT:
15 MINUTEN

1. Die Hirse mit 500 Milliliter Wasser und etwas Salz aufkochen und zugedeckt bei mittlerer Hitze in 15 bis 20 Minuten garen.

2. Inzwischen von den Paprikaschoten jeweils am Stielansatzende einen Deckel abschneiden. Kerngehäuse und weiße Innenhäute vorsichtig entfernen. Die Schoten waschen und umgedreht kurz abtropfen lassen.

3. Die Schalotten schälen, die Pilze putzen. Beides fein hacken und im Öl anbraten. Die Petersilie waschen, trockenschütteln, die Blättchen abzupfen, fein hacken und unter die Pilze mischen.

4. Die Pilzmasse mit der gegarten Hirse und der Sahne verrühren, mit Salz, Pfeffer und Muskatnuss abschmecken. Die Paprikaschoten damit füllen und die Deckel auf die Schoten legen.

5. Gefüllte Paprikaschoten nebeneinander in einen breiten Topf setzen, die Brühe angießen und das Gemüse zugedeckt bei mittlerer Hitze etwa 15 Minuten dünsten.

6. Die gefüllten Paprikaschoten auf einer vorgewärmten Platte anrichten und mit etwas heißer Gemüsebrühe beträufeln.

■ Pro Portion: 1426/340 kJ/kcal
12 g Eiweiß • 8 g Fett
53 g Kohlenhydrate • 14 g Ballaststoffe • 8 mg Cholesterin

Tipp

Isst man Paprika roh als Zutat im Salat, sollte die Schote erst kurz vor dem Servieren zerkleinert und immer mit wenig Öl angerichtet werden. So geht am wenigsten Vitamin C verloren und der Körper kann das wertvolle Beta-Carotin besser aufnehmen.

Pizza
mit eingelegten Artischocken

1. Für den Teig die Hefe in 180 Milliliter lauwarmem Wasser auflösen. Mit Mehl, 1 gestrichenem Teelöffel Salz und Öl verrühren. Dann kräftig zu einem glatten Teig verkneten und zugedeckt an einem warmen Ort in 30 bis 40 Minuten zur doppelten Größe aufgehen lassen.

2. Inzwischen die Tomaten überbrühen, häuten, halbieren und entkernen, dabei die Stielansätze entfernen. Basilikumblätter falls nötig mit Küchenpapier säubern, in Streifen schneiden, unter die Tomaten rühren. Salzen und pfeffern.

3. Artischocken und Mozzarella abtropfen lassen. Artischocken in dünne Scheiben schneiden, den Käse würfeln. Den Backofen auf 225 °C (Umluft 200 °C, Gas Stufe 4–5) vorheizen.

4. Den Pizzateig kurz mit den Händen durchkneten. Auf Blechgröße ausrollen oder zu 4 runden Fladen formen. Die Formen oder das Backblech einfetten, mit dem Teig belegen. Tomaten, Artischocken und Mozzarella

gleichmäßig darauf verteilen. Salzen und pfeffern. Olivenöl und Brühe verrühren, über den Belag träufeln.

5. Die Pizza im heißen Backofen auf der untersten Schiene 15 Minuten backen. Mit Parmesan bestreuen und weitere 5 bis 10 Minuten backen, bis die Ränder leicht gebräunt sind.

■ Pro Portion: 2402/573 kJ/kcal
24 g Eiweiß • 19 g Fett
76 g Kohlenhydrate • 10 g Ballaststoffe • 4 mg Cholesterin

Info
Der sehr harte Parmesan lässt sich vorzüglich reiben, man nimmt ihn fast ausschließlich zum Bestreuen von Suppen, Pasta und Risotto, sozusagen als Würzkäse. Da er nicht bzw. kaum schmilzt, ist er zum Überbacken nicht geeignet. Zu starke Hitze lässt ihn braun und bitter werden, deshalb wird er erst kurz vor Garzeitende auf die Pizza gestreut.

ZUTATEN FÜR 4 RUNDE PIZZA-FORMEN VON 25 CM Ø ODER 1 GROSSES BLECH

FÜR DEN TEIG:

20 G FRISCHE HEFE
(ODER 1 TÜTCHEN TROCKENHEFE)

400 G MEHL

JODSALZ

1 EL KALTGEPRESSTES OLIVENÖL

MEHL ZUM BESTÄUBEN

ETWAS ÖL FÜR DAS BLECH

FÜR DEN BELAG:

500 G VOLLREIFE TOMATEN

1 HAND VOLL BASILIKUMBLÄTTER

4–6 EINGELEGTE ARTISCHOCKENHERZEN (AUS DEM GLAS)

200 G MOZZARELLA

SCHWARZER PFEFFER

2 EL OLIVENÖL

4 EL GEMÜSEBRÜHE

2 EL FRISCH GERIEBENER PARMESAN

ZUBEREITUNGSZEIT:
1 STUNDE

BACKZEIT:
25 MINUTEN

Bei der Pizza spielt nicht die Quantität, sondern die Qualität des Belags die entscheidende Rolle.

Türkischer Eintopf
mit Kichererbsen

1. Am Vorabend die Kichererbsen mit 1 1/4 Liter Wasser in einen Topf füllen und zugedeckt über Nacht einweichen lassen.

2. Am nächsten Tag die Kichererbsen in 1 Liter Einweichwasser etwa 1 Stunde weich kochen.

3. Paprikaschoten, Zucchini und Möhren waschen, putzen bzw. schälen und in 1 Zentimeter große Stücke schneiden. Die Tomaten überbrühen, häuten, halbieren und entkernen. Das Fruchtfleisch würfeln, dabei die Stielansätze entfernen.

4. Die Zwiebeln und die Knoblauchzehen schälen, fein würfeln und im heißen Öl glasig dünsten. Das Gemüse dazugeben und kurz mitdünsten. Salzen und pfeffern.

5. Die Kichererbsen abgießen. Dann mit der Brühe zum Gemüse geben. Mit Rosmarin, Currypulver, Salz und Pfeffer würzen. Alles aufkochen und zugedeckt bei schwacher Hitze 20 bis 25 Minuten kochen lassen.

6. Die Petersilie waschen und trockenschütteln. Die Blättchen von den Stielen zupfen und fein hacken. Den Eintopf mit Salz und Pfeffer abschmecken, in tiefe Teller füllen. Den Joghurt mit der Petersilie verrühren, jeweils einen Klecks davon in die Mitte der Teller setzen.

■ Pro Portion: 1480/353 kJ/kcal
17 g Eiweiß • 13 g Fett
41 g Kohlenhydrate • 14 g Ballaststoffe • 2 mg Cholesterin

Info
Hülsenfrüchte sollten Sie häufiger in Ihren Speiseplan einbauen, denn (Kicher-)Erbsen, Bohnen und Linsen sind richtige kleine Nährstoffkonzentrate, voll gepackt mit Ballaststoffen, Kohlenhydraten, Eiweiß, Spurenelementen, Mineralstoffen und Vitaminen. Ausnahme: Diese Empfehlung gilt nicht für Gichtkranke, da die in den Hülsenfrüchten enthaltenen Purine zu Harnsäure umgebaut werden.

ZUTATEN FÜR 4 PORTIONEN

250 G GETROCKNETE KICHERERBSEN
JE 1 ROTE UND GELBE PAPRIKASCHOTE
2 MITTELGROßE ZUCCHINI
2 MÖHREN
2 FLEISCHTOMATEN
2 ZWIEBELN
2 KNOBLAUCHZEHEN
3 EL OLIVENÖL
JODSALZ
SCHWARZER PFEFFER
1 1/2 L GEMÜSEBRÜHE
2 ZWEIGE ROSMARIN
1 EL CURRYPULVER
1/2 BUND GLATTE PETERSILIE
150 G JOGHURT (3,5 % FETT)

ZUBEREITUNGSZEIT:
20 MINUTEN
GARZEIT:
1 1/2 STUNDEN
EINWEICHZEIT:
ÜBER NACHT

Orientalischer Eintopf mit Biss – die Kichererbsen bleiben auch beim Garen noch etwas fest.

Makkaroni
mit Gemüsebolognese

ZUTATEN FÜR 4 PORTIONEN

1 kleiner Kohlrabi

250 g Möhren

200 g Knollensellerie

300 g Porree

1 Knoblauchzehe

1 Zwiebel

1 kleine Dose (425 ml) geschälte Tomaten

1 EL Olivenöl

2–3 EL Tomatenmark

3 TL italienische Kräutermischung

Jodsalz

schwarzer Pfeffer

400 g (Vollkorn-)Makkaroni

ZUBEREITUNGSZEIT:
40 MINUTEN

1. Kohlrabi, Möhren und Sellerie waschen, schälen und in feine Würfel schneiden.

2. Den Porree putzen, waschen und in dünne Ringe schneiden. Knoblauch und Zwiebel schälen und fein würfeln. Die Tomaten in ein Sieb gießen, den Saft dabei auffangen. Tomaten würfeln.

3. Zwiebel im Olivenöl glasig dünsten. Das Gemüse dazugeben und unter Rühren 3 Minuten braten. Das Tomatenmark und den Knoblauch kurz mitbraten. Die Tomaten samt Saft dazu geben. Die Sauce mit Kräutern, Salz und Pfeffer würzen und offen unter Rühren in etwa 15 Minuten dicklich einkochen lassen.

4. Nudeln in reichlich Salzwasser nach Packungsangabe bissfest kochen. Die Sauce abschmecken und mit den abgetropften Makkaroni anrichten.

■ Pro Portion: 1767/422 kJ/kcal 19 g Eiweiß • 6 g Fett 72 g Kohlenhydrate • 19 g Ballaststoffe • 0,03 mg Cholesterin

Fisch
Die gesunde Eiweiß- und Jodquelle

Mehr Fisch auf den Tisch!
So lauten seit langem die Empfehlungen
von Ernährungswissenschaftlern und
Medizinern. Der Grund: Seefische sind
so gesund, weil sie viel Jod und das
knappe Vitamin D enthalten. Ebenso
liefern sie die so genannten Omega-3-
Fettsäuren, die helfen, Herz-Kreislauf-
Erkrankungen vorzubeugen. Außerdem
enthält das Fischeiweiß besonders viele
lebenswichtige Aminosäuren.

Kräutermakrelen
vom Grill

1. Den Backofen- oder Elektrogrill vorheizen. Den Grillrost mit Alufolie auslegen und mit 2 Teelöffeln Öl bepinseln. Die Kräuter waschen und gut trockentupfen.

2. Die frischen oder aufgetauten Makrelen innen und außen waschen und gründlich trockentupfen. Das restliche Öl mit dem Zitronensaft verrühren, die Fische damit von beiden Seiten dünn einpinseln. Anschließend rundherum mit Salz und frisch gemahlenem Pfeffer bestreuen. Jeweils ein paar Kräuterzweige um jeden Fisch legen und mit Küchengarn festbinden.

3. Die Fische nebeneinander auf den Grillrost legen, mit einem Abstand von 30 Zentimetern unter den Grill schieben und von jeder Seite 6 bis 8 Minuten grillen. Die Makrelen mit den Kräutern servieren. Dazu schmeckt Mehrkornbaguette und Blattsalat.

■ Pro Portion: 1594/381 kJ/kcal
34 g Eiweiß • 26 g Fett
1 g Kohlenhydrate • 1 g Ballaststoffe • 136 mg Cholesterin

ZUTATEN FÜR 4 PORTIONEN

4 TL RAPSÖL

JE 1/2 BUND ROSMARIN, THYMIAN UND SALBEI

4 KÜCHENFERTIGE MAKRELEN (À 300 G), FRISCH ODER TIEFGEKÜHLT UND AUFGETAUT

1 EL ZITRONENSAFT

JODSALZ

SCHWARZER PFEFFER

ZUBEREITUNGSZEIT: 30 MINUTEN

Rotbarschfilets
süßsauer

1. Die Fischfilets trockentupfen, in 8 gleich große Stücke teilen und mit Zitronensaft beträufeln.

2. Die Tomaten überbrühen, häuten, entkernen und würfeln. Den Knoblauch schälen und in Scheiben schneiden. Basilikumblättchen abzupfen.

3. Die Fischstücke trockentupfen und im heißen Öl von beiden Seiten jeweils 3 Minuten braten.

4. Den Fisch salzen, pfeffern und zugedeckt warm stellen. Den Knoblauch im Bratfett andünsten. Brühe, Honig, Essig und Tomatenwürfel dazugeben, heiß werden lassen und abschmecken. Das Basilikum grob zerzupfen, unter die Tomaten heben. Mit dem Fisch servieren.

■ Pro Portion: 1592/379 kJ/kcal
46 g Eiweiß • 17 g Fett
10 g Kohlenhydrate • 2 g Ballaststoffe • 100 mg Cholesterin

ZUTATEN FÜR 4 PORTIONEN

800 G ROTBARSCHFILET

3 EL ZITRONENSAFT

800 G FLEISCHTOMATEN

2 KNOBLAUCHZEHEN

3–4 ZWEIGE BASILIKUM

3 EL OLIVENÖL

JODSALZ

SCHWARZER PFEFFER

200 ML GEMÜSEBRÜHE

1 EL FLÜSSIGER HONIG

4–6 EL WEIßER BALSAMICOESSIG

ZUBEREITUNGSZEIT: 30 MINUTEN

Fisch-Gemüse-Spieße
mit Kräuterreis

ZUTATEN FÜR 4 PORTIONEN

600 G BELIEBIGES FISCHFILET
JODSALZ
WEIßER PFEFFER
500 G BROKKOLI
150 G KLEINE COCKTAILTOMATEN
1 UNBEHANDELTE ZITRONE
1 BUND PETERSILIE
200 G SCHNELLKOCHREIS
2 EL OLIVENÖL
150 ML GEMÜSEBRÜHE

ZUBEREITUNGSZEIT:
30 MINUTEN

1. Fischfilet trockentupfen, in Würfel schneiden, salzen und pfeffern. Brokkoli putzen, in Röschen teilen und in kochendem Salzwasser 3 Minuten blanchieren. Die Tomaten waschen.

2. Fischwürfel, Brokkoliröschen und Tomaten abwechselnd auf Spieße stecken. Die Zitrone heiß waschen, abtrocknen. Schale fein abreiben, den Saft auspressen. Petersilie waschen und fein hacken.

3. Den Reis nach Packungsangabe garen. Öl, 3 Esslöffel Zitronensaft und Pfeffer erhitzen, die Fischspieße in der Pfanne rundherum 3 Minuten anbraten.

4. Brühe und Zitronenschale zugeben und die Spieße weitere 3 bis 4 Minuten garen. Die Petersilie unter den Reis mischen. Sauce mit Salz, Pfeffer und Zitronensaft abschmecken. Fischspieße, Sauce und Kräuterreis anrichten.

■ Pro Portion: 1655/395 kJ/kcal
36 g Eiweiß • 7 g Fett
45 g Kohlenhydrate • 5 g Ballaststoffe • 107 mg Cholesterin

Im Sommer vom Grill, im Winter aus der Pfanne: Fischspieße sind immer willkommen.

Lachs auf
Gemüsenudeln

1. Zitronensaft, 1/2 Esslöffel Öl, etwas Salz und Pfeffer verrühren. Das Lachsfilet trockentupfen und in 4 gleich große Stücke teilen. Mit der Marinade einstreichen und in eine feuerfeste Form legen. Den Backofen auf 200 °C (Umluft 180 °C, Gas Stufe 3–4) vorheizen. Kräuter hacken und mit 1/2 Esslöffel Öl verrühren. Auf die Fischfilets streichen und 15 Minuten backen.

2. Bandnudeln in reichlich Salzwasser bissfest garen. Möhren und Zucchini waschen, putzen bzw. schälen und mit dem Sparschäler in dünne Streifen schneiden. Zwiebel schälen, fein würfeln, in der Butter anbraten und mit der Brühe ablöschen. Möhren- und Zucchinistreifen zufügen und in 4 Minuten bissfest garen. Salzen und pfeffern. Die Nudeln abgießen und mit der sauren Sahne unter das Gemüse heben. Lachs darauf anrichten.

■ Pro Portion: 1514/362 kJ/kcal
30 g Eiweiß • 14 g Fett
28 g Kohlenhydrate • 8 g Ballaststoffe • 51 mg Cholesterin

ZUTATEN FÜR 4 PORTIONEN

1 TL ZITRONENSAFT
1 EL OLIVENÖL
JODSALZ, WEIßER PFEFFER
500 G LACHSFILET OHNE HAUT
1 BUND BASILIKUM
1 BUND PETERSILIE
100 G BANDNUDELN OHNE EI
500 G MÖHREN
500 G ZUCCHINI
1 KLEINE ZWIEBEL
1 TL BUTTER ODER MARGARINE
100 ML GEMÜSEBRÜHE
3 EL SAURE SAHNE

ZUBEREITUNGSZEIT:
45 MINUTEN

Kabeljau
mit Rotweinzwiebeln

1. Die Schalotten schälen, längs halbieren oder vierteln. Die Orange heiß waschen, abtrocknen und die Schale abreiben. Saft auspressen. Die Schalotten in 1/2 Esslöffel Butter anbraten. Zucker darüber streuen und karamellisieren lassen. Rotwein, Orangenschale, Orangensaft und Piment hinzufügen. Zugedeckt bei schwacher Hitze etwa 25 Minuten kochen.

2. Kabeljaufilet waschen, trockentupfen und in 8 Stücke schneiden.

Mit Zitronensaft beträufeln, salzen, pfeffern und in Mehl wenden.

3. Fischstücke in restlicher Butter bei mittlerer Hitze von beiden Seiten in 5 bis 7 Minuten braten.

4. Die Rotweinzwiebeln mit dem Fisch anrichten.

■ Pro Portion: 1043/249 kJ/kcal
29 g Eiweiß • 3 g Fett
20 g Kohlenhydrate • 2 g Ballaststoffe • 77 mg Cholesterin

ZUTATEN FÜR 4 PORTIONEN

300 G KLEINE SCHALOTTEN
1 UNBEHANDELTE ORANGE
1 EL BUTTER
2 EL BRAUNER ZUCKER
150 ML KRÄFTIGER ROTWEIN
1 MESSERSPITZE GEMAHLENER PIMENT
600 G KABELJAU-RÜCKENFILET
ETWAS ZITRONENSAFT
JODSALZ
WEIßER PFEFFER
4–5 EL MEHL

ZUBEREITUNGSZEIT:
35 MINUTEN

Fisch
in Tomaten-Zwiebel-Sauce

ZUTATEN FÜR 4 PORTIONEN

1 GANZER KÜCHENFERTIGER FISCH
VON 1,2–1,5 KG (Z. B. BRASSE,
LACHSFORELLE)

JODSALZ

SCHWARZER PFEFFER

3 EL ZITRONENSAFT

3 KLEINE ZWIEBELN

2 KNOBLAUCHZEHEN

1–2 FRISCHE CHILISCHOTEN

2 EL RAPSÖL

2 LORBEERBLÄTTER

1 TL GEMAHLENER KREUZKÜMMEL

2 TL FRISCH GERIEBENER INGWER

1 TL KURKUMAPULVER

1 KLEINE DOSE (425 ML) GESCHÄLTE
TOMATEN

150 G JOGHURT (1,5 % FETT)

ZUBEREITUNGSZEIT:
30 MINUTEN

BACKZEIT:
30 MINUTEN

1. Den Fisch innen und außen waschen und gut mit Küchenpapier trockentupfen. Auf beiden Seiten quer dreimal einschneiden, damit er gleichmäßig garen kann. Mit etwas Salz, Pfeffer und dem Zitronensaft einreiben.

2. Die Zwiebeln und die Knoblauchzehen schälen und in feine Würfel schneiden. Die Chilischoten waschen und längs halbieren. Den Stielansatz und die Kerne entfernen. Die Schoten in feine Streifen schneiden.

3. Das Öl in einer Pfanne erhitzen. Lorbeerblätter und Kreuzkümmel darin anbraten, bis sie duften. Die Zwiebeln dazugeben und goldgelb werden lassen. Knoblauch, geriebenen Ingwer, Chilischoten und das Kurkumapulver hinzufügen, alles noch 2 Minuten braten.

4. Den Backofen auf 200 °C (Umluft 180 °C, Gas Stufe 3–4) vorheizen.

5. Die Tomaten in ein Sieb gießen, den Saft auffangen. Tomaten in Stücke schneiden, mit dem Saft und 50 Milliliter Wasser aufkochen, etwas salzen und zugedeckt 15 Minuten leicht kochen lassen. Anschließend den Joghurt unterrühren.

6. Den Fisch in eine genügend große, feuerfeste Form legen und mit der Tomaten-Zwiebel-Sauce bedecken. Im heißen Backofen in etwa 25 Minuten garen. Dazu passt gut Basmatireis und ein gemischter Blattsalat.

■ Pro Portion: 2039/487 kJ/kcal
59 g Eiweiß • 24 g Fett
8 g Kohlenhydrate • 1,5 g Ballaststoffe • 2 mg Cholesterin

Tipp
Wenn Sie statt der Zwiebeln für die Sauce 150 Gramm Schalotten verwenden, erhält sie einen feineren, leicht süßlichen Geschmack.

Fischcurry
auf thailändische Art

1. Das Fischfilet trockentupfen und in 2 Zentimeter breite Würfel schneiden, salzen. Paprikaschoten waschen, putzen und in feine Streifen schneiden. Den Ingwer schälen, sehr fein hacken. Zitronenblätter waschen, längs halbieren und in hauchdünne Streifen schneiden.

2. Die Hälfte der Kokosmilch in einem Wok erhitzen. Currypaste und Ingwer hinzufügen und unter Rühren 2 Minuten sanft kochen. Restliche Kokosmilch, Paprikaschoten, die Hälfte der Zitronen-

blätter, Fischsauce und den Zucker unterrühren, weitere 2 Minuten sanft kochen lassen.

3. Die Fischstücke in der Sauce zugedeckt 4 Minuten garziehen lassen. Das Fischcurry mit Salz, Pfeffer und Limetten- oder Zitronensaft abschmecken, mit den restlichen Zitronenblätterstreifen bestreuen.

◼ Pro Portion: 971/419 kJ/kcal
37 g Eiweiß • 24 g Fett
10 g Kohlenhydrate • 4 g Ballaststoffe • 75 mg Cholesterin

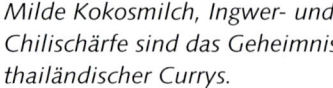

ZUTATEN FÜR 4 PORTIONEN

600 G ROTBARSCHFILET

JODSALZ

JE 1 ROTE, GELBE UND GRÜNE PAPRIKASCHOTE

1 STÜCK FRISCHER INGWER (2 CM)

3 KAFFIR-ZITRONENBLÄTTER

1 DOSE (425 ML) UNGESÜßTE KOKOSMILCH

1 EL ROTE CURRYPASTE

2 EL FISCHSAUCE (FERTIGPRODUKT)

2 TL PALMZUCKER ODER BRAUNER ZUCKER

SCHWARZER PFEFFER

ETWAS LIMETTEN- ODER ZITRONENSAFT

ZUBEREITUNGSZEIT:
20 MINUTEN

Thunfisch
mit Kokosgemüse

1. Möhren und Ingwer schälen. Möhren in Scheiben schneiden, den Ingwer würfeln. Beides in Öl andünsten. Salzen, pfeffern, Kokosmilch, 50 Milliliter Wasser und Brühe dazugeben. Aufkochen und zugedeckt 6 bis 8 Minuten kochen lassen.

2. Die Frühlingszwiebeln waschen, putzen und schräg in Stücke schneiden. Den Thunfisch waschen, trockentupfen, in vier Portionen teilen, salzen und pfef-

fern. Frühlingszwiebeln unter das Gemüse mischen, den Fisch darauf legen und zugedeckt bei schwacher Hitze 6 Minuten garen.

3. Fisch auf vorgewärmten Tellern verteilen. Gemüse mit Sojasauce und Cayennepfeffer abschmecken. Neben dem Fisch anrichten.

◼ Pro Portion: 1650/442 kJ/kcal
37 g Eiweiß • 25 g Fett
15 g Kohlenhydrate • 10 g Ballaststoffe • 90 mg Cholesterin

ZUTATEN FÜR 4 PORTIONEN

1 KG MÖHREN

1 STÜCK INGWER (4 CM)

2 EL SOJA- ODER RAPSÖL

JODSALZ

SCHWARZER PFEFFER

1/2 DOSE (425 ML) UNGESÜßTE KOKOSMILCH

1 TL INSTANT GEMÜSEBRÜHE

1 BUND FRÜHLINGSZWIEBELN

600 G THUNFISCHFILET

2–3 EL HELLE SOJASAUCE

CAYENNEPFEFFER

ZUBEREITUNGSZEIT:
40 MINUTEN

Gegrillter Seelachs
auf Porreelinsen

1. Den Porree putzen, der Länge nach einschneiden und gründlich waschen. Porree gut abtropfen lassen und in kurze, feine Streifen schneiden.

2. Das Öl in einem flachen Topf erhitzen, die Porreestreifen darin unter Rühren andünsten. Die roten Linsen dazugeben und die Gemüsebrühe angießen. Aufkochen und alles zugedeckt bei schwacher bis mittlerer Hitze 5 bis 7 Minuten kochen lassen, bis die Linsen gerade weich sind; sie sollen nicht zerfallen.

3. In der Zwischenzeit den Backofen- oder Elektrogrill einschalten. Das Fischfilet mit Küchenpapier trockentupfen und in 4 gleich große Stücke teilen. Mit Pfeffer und Zitronensaft würzen. Den Grillrost mit einem Pinsel mit wenig Öl einstreichen. Die Fischstücke darauf legen, unter den Grill schieben und von jeder Seite 3 bis 4 Minuten grillen.

4. Das Porree-Linsen-Gemüse mit Essig, Salz und Pfeffer abschmecken. Die Petersilie

waschen und trockenschütteln. Die Blättchen von den Stielen zupfen und fein hacken. Einen Großteil der Petersilie unter das Gemüse rühren.

5. Die Fischfilets leicht salzen, auf dem Gemüse anrichten und mit den restlichen Kräuterblättchen bestreuen. Dazu schmecken Kartoffeln oder auch Bandnudeln.

■ Pro Portion: 1700/405 kJ/kcal
44 g Eiweiß • 9 g Fett
36 g Kohlenhydrate • 11 g Ballaststoffe • 107 mg Cholesterin

ZUTATEN FÜR 4 PORTIONEN

1 KG PORREE
2 EL RAPSÖL
200 G ROTE LINSEN
400 ML GEMÜSEBRÜHE
600 G SEELACHSFILET
WEISSER PFEFFER
2 EL ZITRONENSAFT
ETWAS ÖL FÜR DEN GRILLROST
1 EL ACETO BALSAMICO
JODSALZ
1/2 BUND GLATTE PETERSILIE

ZUBEREITUNGSZEIT:
40 MINUTEN

Info

Rote Linsen müssen vor dem Kochen nicht eingeweicht werden. Sie sind im Mittleren Osten ein Grundnahrungsmittel. Die geschälten roten Linsen zerfallen beim Kochen sehr schnell, die gespaltenen noch mehr. Man verwendet sie deshalb gerne für Suppen, Gemüsegerichte und Pürees.

Nur kurz geschmorte Gurken in Dillsauce sind die ideale Beilage zu gebratenem Fisch.

Schollenfilets
auf Dillgurken

ZUTATEN FÜR 4 PORTIONEN

1 KG GÄRTNER- ODER SALATGURKEN

1 KLEINE ZWIEBEL

200 ML GEMÜSEBRÜHE

1 TL GEMAHLENER KORIANDER

600 G SCHOLLENFILETS
(FRISCH ODER TIEFGEKÜHLT)

2 EL ZITRONENSAFT

1 EL BUTTER

JODSALZ

WEIßER PFEFFER

1 BUND DILL

150 G JOGHURT (1,5 % FETT)

2–3 TL KÖRNIGER SENF

ZUBEREITUNGSZEIT:
30 MINUTEN

1. Die Gurken schälen, längs halbieren, entkernen und in 1/2 Zentimeter dicke Scheiben schneiden. Zwiebel schälen und fein würfeln.

2. 150 Milliliter Gemüsebrühe mit dem Koriander zum Kochen bringen. Gurken und Zwiebel darin zugedeckt 6 Minuten garen.

3. Die Schollenfilets waschen, trockentupfen, mit 1 Esslöffel Zitronensaft beträufeln und in heißer Butter bei mittlerer Hitze von beiden Seiten kurz anbraten. Mit Salz und Pfeffer würzen. Restliche Brühe dazugießen und die Filets zugedeckt bei schwacher Hitze in 2 bis 3 Minuten garen.

4. Den Dill waschen, hacken, unter das Gemüse mischen. Mit Salz, Pfeffer und restlichem Zitronensaft abschmecken. Gemüse mit den Schollenfilets auf Tellern anrichten. Joghurt mit Senf verrühren, über den Fisch träufeln.

■ Pro Portion: 887/211 kJ/kcal
29 g Eiweiß • 6 g Fett
9 g Kohlenhydrate • 2 g Ballaststoffe • 102 mg Cholesterin

Forellen
aus dem Cidresud

1. Die Forellen waschen und trockentupfen. Mit Salz und Pfeffer würzen. Den Ingwer schälen und in dünne Scheiben schneiden.

2. Cidre, Ingwerscheiben, Lorbeerblätter, Pfeffer- und Korianderkörner, Essig, Zitronensaft in 3 Liter Wasser 10 Minuten zugedeckt kochen lassen.

3. Sellerie und Paprika waschen, putzen und klein schneiden. Vom Cidresud 750 Milliliter durchsieben und zum Kochen bringen. Die Forellen im restlichen Sud zugedeckt bei schwacher Hitze 8 bis 10 Minuten garziehen lassen.

4. Paprika und Sellerie im abgemessenen Sud in 3 bis 4 Minuten bissfest garen. Das Gemüse abgießen, mit Butter und Petersilie mischen, mit Salz und Pfeffer abschmecken. Die Forellen aus dem Sud heben und mit dem Gemüse anrichten.

■ Pro Portion: 2135/511 kJ/kcal
61 g Eiweiß • 11 g Fett
23 g Kohlenhydrate • 5 g Ballaststoffe • 174 mg Cholesterin

ZUTATEN FÜR 4 PORTIONEN

4 KÜCHENFERTIGE FORELLEN (À 300 G)
JODSALZ, SCHWARZER PFEFFER
1 STÜCK FRISCHER INGWER (3 CM)
750 ML TROCKENER CIDRE (APFELWEIN)
2 LORBEERBLÄTTER
2 TL WEIßE PFEFFERKÖRNER
1 TL KORIANDERKÖRNER
3 EL OBST- ODER WEIßWEINESSIG
SAFT VON 1 ZITRONE
3 STANGEN STAUDENSELLERIE
3 ROTE PAPRIKASCHOTEN
1 EL BUTTER
1 EL GEHACKTE PETERSILIE

ZUBEREITUNGSZEIT:
40 MINUTEN

Zanderfilets
auf Gemüsecreme

1. Die Zanderfilets trockentupfen, in vier Portionen teilen und mit 2 Esslöffeln Zitronensaft beträufeln.

2. Suppengrün waschen und putzen, 150 Gramm abwiegen. Zwiebel schälen. Alles fein würfeln und im heißen Öl andünsten. Brühe angießen, mit Salz, Pfeffer und Thymian würzen. Bei mittlerer Hitze 10 Minuten kochen.

3. Brokkoli nach Packungsangabe zubereiten. Mit Salz, Pfeffer und Muskat würzen. Die Fischstücke auf dem Gemüse 6 Minuten garen. Den Fisch warm stellen. Das Gemüse samt Flüssigkeit pürieren. Saure Sahne untermischen, mit Salz, Pfeffer und restlichem Zitronensaft abschmecken. Zanderfilet mit Gemüsecreme und Brokkoli anrichten.

■ Pro Portion: 1279/305 kJ/kcal
46 g Eiweiß • 9 g Fett
10 g Kohlenhydrate • 7 g Ballaststoffe • 15 mg Cholesterin

ZUTATEN FÜR 4 PORTIONEN

800 G ZANDERFILET
3–4 EL ZITRONENSAFT
1 BUND SUPPENGRÜN
1 ZWIEBEL
2 TL RAPSÖL
200 ML GEMÜSEBRÜHE
JODSALZ
PFEFFER
1/2 TL THYMIAN
600 G TIEFGEKÜHLTE BROKKOLIRÖSCHEN
MUSKATNUSS
100 G SAURE SAHNE

ZUBEREITUNGSZEIT:
40 MINUTEN

Schellfisch
mit Romanesco

ZUTATEN FÜR 4 PORTIONEN

1 KG ROMANESCO (ODER BROKKOLI)

JODSALZ

1 ZWIEBEL

100 ML GEMÜSEBRÜHE

1 TL BUTTER ODER MARGARINE

WEIßER PFEFFER

MUSKATNUSS

1 ZITRONE

1 SCHWANZSTÜCK VOM SCHELLFISCH
(ETWA 1 KG)

100 G SAURE SAHNE

2 EL JOGHURT (1,5 % FETT)

1–2 EL KÖRNIGER SENF

ETWAS AHORNSIRUP

AUßERDEM:

1 STÜCK BRATSCHLAUCH

ZUBEREITUNGSZEIT:
40 MINUTEN

GARZEIT:
25 MINUTEN

1. Den Romanesco in kleine Röschen teilen und waschen. Die Stiele abschneiden und fein würfeln. Die Röschen in Salzwasser 2 Minuten blanchieren, kalt abschrecken und abtropfen lassen.

2. Die Zwiebel schälen und fein würfeln. Gemüsebrühe mit Butter oder Margarine aufkochen, Zwiebel und Romanescostiele darin 2 Minuten kochen lassen. Mit Pfeffer und frisch geriebener Muskatnuss würzen.

3. Den Backofen auf 180 °C (Umluft 160 °C, Gas Stufe 2–3) vorheizen. Die Zitrone waschen, dick schälen und die einzelnen Filets aus den Häutchen schneiden. Den Schellfisch waschen, trockentupfen und mit Salz und Pfeffer würzen.

4. Vom Bratschlauch ein genügend großes Stück (ca. 60 cm) abschneiden. Ein Ende nach Packungsangabe verschließen. Den Fisch hineinlegen. Romanescostiele samt Brühe, Romanescoröschen und Zitronenfilets darauf verteilen. Das Folienende verschließen.

5. Den Bratschlauch von oben ein- bis zweimal einstechen, auf den kalten Rost legen und die Fettpfanne darunter schieben. Den Schellfisch im heißen Backofen auf der untersten Schiene 25 Minuten garen.

6. Die saure Sahne mit Joghurt und Senf glatt rühren, mit Salz, Pfeffer und einigen Tropfen Ahornsirup abschmecken. Schellfisch, Gemüse und Sud portionsweise anrichten, die Senfsauce dazuservieren.

■ Pro Portion: 1401/334 kJ/kcal
54 g Eiweiß • 8 g Fett
10 g Kohlenhydrate • 8 g Ballaststoffe • 173 mg Cholesterin

Info

Der Schellfisch ist ein besonders magerer Fisch. Seinen Namen hat er vom schichtweise auseinander fallenden Fleisch. Er hat ein weißes, sehr zartes Fleisch, das sich für alle Zubereitungsarten eignet.

Heilbuttfilets
in Pergament

1. Kohlrabi, Möhren und Porree waschen, putzen und in streichholzgroße Streifen schneiden.

2. Den Backofen auf 200 °C (Umluft 180 °C, Gas Stufe 3–4) vorheizen. Die Fischfilets trockentupfen, leicht salzen und pfeffern.

3. Das Gemüse in der heißen Butter 5 Minuten dünsten. Die Brühe einrühren und das Gemüse zugedeckt bei schwacher Hitze bissfest garen. Die Sahne unterrühren. Das Gemüse mit Salz und Pfeffer abschmecken.

4. Die Pergamentpapierbögen mit etwas Öl einstreichen. Je zwei Heilbuttfilets nebeneinander auf ein Stück Pergament setzen. Jedes Filetpaar mit 2 Esslöffeln Wermut beträufeln und mit 1 bis 2 Esslöffeln Gemüse belegen. Das restliche Gemüse warm halten.

5. Die Längsseiten vom Pergament hochnehmen, zur Mitte hin übereinander schlagen und dreimal zusammenfalzen, damit nichts

herausläuft. Die Seiten einmal falzen und unter die Päckchen schlagen.

6. Die Päckchen auf ein geöltes Backblech legen und den Fisch im heißen Backofen 15 bis 20 Minuten garen. Die Heilbuttfilets in der Hülle anrichten und mit dem restlichen Gemüse servieren. Dazu schmeckt eine Wildreismischung oder Kartoffeln.

■ Pro Portion: 1245/298 kJ/kcal
16 g Eiweiß • 17 g Fett
13 g Kohlenhydrate • 4 g Ballaststoffe • 55 mg Cholesterin

Tipp
Anstelle von Heilbuttfilets können Sie auch Seezungenfilets, Lachs- oder Schollenfilets in die Pergamenthülle einpacken. Den Kohlrabi können Sie nach Belieben durch Stangensellerie oder Fenchel ersetzen.

ZUTATEN FÜR 4 PORTIONEN

1 KOHLRABI (ETWA 250 G)

250 G ZARTE MÖHREN

1 DÜNNE STANGE PORREE

8 HEILBUTTFILETS OHNE HAUT (À 70 G)

JODSALZ

WEIßER PFEFFER

1 EL BUTTER

100 ML GEMÜSEBRÜHE

2 EL SAURE SAHNE

ETWAS ÖL ZUM EINFETTEN

8 EL TROCKENER WERMUT (Z. B. NOILLY PRAT, ERSATZWEISE WEIßWEIN)

AUßERDEM:

4 BÖGEN PERGAMENTPAPIER (ODER ALUFOLIE)

ZUBEREITUNGSZEIT:
25 MINUTEN

GARZEIT:
20 MINUTEN

Heilbutt mit Gemüse ist auch für ungeübte »Verpackungskünstler« ganz einfach nachzukochen.

Fischfilets
mit Apfelchutney

1. Für das Chutney die Zwiebeln schälen, vierteln und in dünne Ringe schneiden. Die Äpfel vierteln, schälen, entkernen und in nicht zu dünne Spalten schneiden. Die Spalten quer dritteln. Den Ingwer schälen und sehr fein würfeln. Die Chilischote waschen und längs halbieren. Stielansatz und Kerne entfernen, die Schote in feine Streifen schneiden.

2. In einem Topf 1 Esslöffel Öl erhitzen. Die Zwiebeln darin glasig dünsten. Äpfel, Ingwer und Chilischote hinzufügen, kurz mitdünsten und mit dem Currypulver bestäuben.

3. Essig, Zucker, 3 Esslöffel Wasser, Koriander, etwas Salz und Pfeffer unterrühren. Alles aufkochen lassen und offen bei mittlerer Hitze 20 bis 25 Minuten unter gelegentlichem Rühren dicklich einkochen lassen. Die Apfelspalten sollten dabei nicht musig werden.

4. Die Fischfilets waschen, trockentupfen und in vier Portionen teilen. In einer beschichteten Pfanne im restlichen Öl von jeder Seite 4 bis 5 Minuten goldbraun braten. Salzen, pfeffern und zugedeckt warm stellen.

5. Die Petersilie waschen, trockenschütteln, fein hacken und unter das Chutney rühren, Chutney mit Zitronensaft, Salz und Pfeffer würzig abschmecken. Jeweils etwas Chutney mit den Fischfilets auf Tellern anrichten. Dazu passt gut Basmati- oder Duftreis.

■ Pro Portion: 1592/381 kJ/kcal
57 g Eiweiß • 10 g Fett
35 g Kohlenhydrate • 3 g Ballaststoffe • 118 mg Cholesterin

Info

Chutneys sind süßsäuerliche, dickflüssige Würzmarmeladen aus klein geschnittenen Früchten (Ananas, Äpfel, Aprikosen, Mango, Melone, Zitrusfrüchten) und/oder Gemüse, die ihren Ursprung in Ostindien haben. Je nach Zutaten und Gewürzen gibt es unzählige Varianten von süß bis scharf. Man serviert sie gerne als pikante Beilage zu Fleisch, Fisch und Reis. Es gibt sie auch fix und fertig im Glas zu kaufen.

ZUTATEN FÜR 4 PORTIONEN

2 ZWIEBELN

500 G AROMATISCHE ÄPFEL
(Z. B. COX ORANGE, JAMES GRIEVE)

1 STÜCK FRISCHER INGWER (2 CM)

1 KLEINE FRISCHE ROTE CHILISCHOTE

3 EL RAPSÖL

1 TL CURRYPULVER

50 ML APFEL- ODER WEIßWEINESSIG

70 G BRAUNER ZUCKER

1/2 TL GEMAHLENER KORIANDER

JODSALZ

PFEFFER

800 G FISCHFILET (Z. B. KABELJAU, SEELACHS, LACHS, HEILBUTT)

1/2 BUND GLATTE PETERSILIE

1–2 EL ZITRONENSAFT

ZUBEREITUNGSZEIT:
50 MINUTEN

Das selbst gemachte Apfelchutney verleiht dem Fisch indisches Flair.

Feiner Fischtopf
mit Gemüsewürfelchen

ZUTATEN FÜR 4 PORTIONEN

1 SCHALOTTE

JE 200 G MÖHREN, PORREE UND STAUDENSELLERIE

1 MESSERSPITZE GEMAHLENER SAFRAN

2 EL KALTGEPRESSTES OLIVENÖL

JODSALZ, SCHWARZER PFEFFER

1 GLAS (400 ML) FISCHFOND

400 ML GEMÜSEBRÜHE

400 ML TROCKENER WEISSWEIN

2 KLEINE LORBEERBLÄTTER

1 THYMIANZWEIG

800 G GEMISCHTE FISCHFILETS

6 KLEINE COCKTAILTOMATEN

1/2 BUND PETERSILIE

ZUBEREITUNGSZEIT:
45 MINUTEN

1. Die Schalotte schälen. Möhren, Porree und Sellerie waschen und putzen oder schälen. Alles in kleine Würfel schneiden. Den Safran mit 2 Esslöffeln Wasser verrühren.

2. Die Gemüsewürfel in Öl andünsten, salzen und pfeffern. Mit dem Fischfond ablöschen. Gemüsebrühe, Wein und Safran dazugießen. Lorbeerblätter und gewaschenen Thymian in den Topf geben. Alles aufkochen und ohne Deckel 15 Minuten leicht kochen lassen.

3. Die Fischfilets trockentupfen und in große Stücke zerteilen. Die Tomaten waschen und halbieren. Beides 5 Minuten im Sud ziehen lassen.

4. Die Fischsuppe mit Salz und Pfeffer abschmecken. Die Petersilienblättchen waschen, hacken und in die Suppe streuen.

■ Pro Portion: 1456/348 kJ/kcal
36 g Eiweiß • 11 g Fett
7 g Kohlenhydrate • 5 g Ballaststoffe • 62 mg Cholesterin

Geflügel & Fleisch
Die feinen Leichten

Fette Hausmannskost wie
Schweinshaxe, Bratwürstchen und Co.
werden Sie in diesem Kapitel
vergeblich suchen. Dafür werden Sie
entdecken, dass es ganz einfach und
höchst schmackhaft ist, auf die von
Natur aus mageren Fleischsorten und
-stücke auszuweichen. Werden Pute,
Hähnchen, Lamm und Kaninchen dann
auch noch kalorien- und fettsparend
zubereitet, können Sie ohne
Gewissensbisse schlemmen.

Putengeschnetzeltes
in Zitronenrahm

1. Die Putenbrust waschen, trockentupfen und in feine Streifen schneiden. Die Zwiebel schälen und fein würfeln. Die Champignons putzen, nur falls nötig kurz waschen, und in Scheiben schneiden. Zitrone heiß waschen, trockenreiben und 2 Teelöffel Schale in feinen Streifen abziehen (am besten mit einem Zestenreißer), die Zitrone auspressen.

2. Das Öl in einer beschichteten Pfanne erhitzen, die Putenstreifen darin anbraten. Aus der Pfanne heben und mit Salz und frisch gemahlenem Pfeffer würzen.

3. Zwiebel und Champignons unter Rühren im verbliebenen Bratfett dünsten, bis alle Flüssigkeit verdampft ist. Salzen und pfeffern. Die Brühe und 2 Esslöffel Zitronensaft angießen und bei schwacher Hitze 5 Minuten kochen lassen. Die Putenstreifen zur Pilz-Zwiebel-Mischung geben und heiß werden lassen.

4. Die Pfanne von der Kochstelle nehmen, die saure Sahne unter das Geschnetzelte rühren. Mit restlichem Zitronensaft, Salz und Pfeffer abschmecken. Die Petersilie waschen, trockentupfen, fein hacken und untermischen. Geschnetzeltes auf Tellern anrichten und mit den Zitronenschalenstreifen bestreuen. Mit Reis oder Kartoffeln servieren.

■ Pro Portion: 760/182 kJ/kcal
25 g Eiweiß • 7 g Fett
3 g Kohlenhydrate • 3 g Ballaststoffe • 60 mg Cholesterin

ZUTATEN FÜR 4 PORTIONEN

350 G PUTENBRUSTFILET
1 ZWIEBEL
400 G CHAMPIGNONS
1 GROSSE UNBEHANDELTE ZITRONE
1 1/2 EL OLIVENÖL
JODSALZ
WEISSER PFEFFER
200 ML GEMÜSEBRÜHE
50 G SAURE SAHNE
4 ZWEIGE PETERSILIE

ZUBEREITUNGSZEIT:
40 MINUTEN

Tipp

Das Putengeschnetzelte schmeckt auch mit Egerlingen (braune Champignons), Austern- oder Shiitakepilzen gut. Wer nicht so gerne Pilze isst, kann sie auch durch Zucchiniwürfel, grünen oder weißen Spargel in Stücken ersetzen.

Mit Bananen kochen? Probieren Sie die Putenschnitzel, es lohnt sich!

Putenschnitzel
mit Bananen-Tomaten-Gemüse

4 kleine Putenschnitzel (350 g)

2 EL helle Sojasauce

abgeriebene Schale und Saft von 1/2 unbehandelten Zitrone

schwarzer Pfeffer

1/2 TL Paprikapulver edelsüß

1 Messerspitze gemahlener Ingwer

8 Tomaten

1 Bund Frühlingszwiebeln

4 reife Bananen

2 EL Rapsöl

1/4 TL Currypulver

125 ml Gemüsebrühe

ZUBEREITUNGSZEIT:
35 MINUTEN

1. Die Putenschnitzel waschen und trockentupfen. Sojasauce mit Zitronenschale, Pfeffer, Paprika und Ingwer verrühren, die Schnitzel damit einpinseln.

2. Tomaten häuten, entkernen und würfeln. Frühlingszwiebeln waschen, putzen und in Scheiben schneiden. Bananen schälen, würfeln und im Zitronensaft wenden.

3. Die Bananen in 1 1/2 Esslöffel Öl anbraten, dann herausheben. Frühlingszwiebeln und Tomaten in der Pfanne andünsten. Mit Curry-pulver bestäuben. Salzen und pfeffern.

4. Die Bananen wieder zugeben. Die Brühe angießen, aufkochen und abschmecken.

5. Die Schnitzel im restlichen Öl von jeder Seite etwa 3 Minuten braten. Anschließend pfeffern. Mit dem Gemüse anrichten.

■ Pro Portion: 1524/364 kJ/kcal
25 g Eiweiß • 7 g Fett
48 g Kohlenhydrate • 6 g Ballast-stoffe • 53 mg Cholesterin

Griechische
Kaninchenkeulen

1. Den Backofen auf 200 °C (Umluft 180 °C, Gas Stufe 3–4) vorheizen. Die Kaninchenkeulen kurz waschen, abtrocknen und mit Salz und frisch gemahlenem Pfeffer würzen.

2. Die Zwiebeln und den Knoblauch schälen, die Zwiebeln längs vierteln. Tomaten waschen, abtrocknen und mit einer Nadel mehrmals einstechen.

3. Den Bratschlauch an einer Seite nach Packungsangabe verschließen. Die Keulen in den Bratschlauch legen. Zwiebeln, Knoblauch, Tomaten, sämtliche Gewürze, Zucker, Wein und Brühe hinzufügen. Den Schlauch verschließen und oben einstechen.

4. Den gefüllten Bratschlauch auf den kalten Rost legen, in den heißen Backofen (2. Schiene von unten) schieben. Die Fettpfanne darunter schieben. Die Kaninchenkeulen 45 Minuten garen.

5. Den Bratschlauch aufschneiden. Die Kaninchenkeulen, Tomaten, Schalotten und den Knoblauch herausheben, auf vorgewärmten Tellern anrichten und warm stellen.

6. Die Sauce durch ein Sieb in einen Topf gießen. Aufkochen lassen, mit Salz und Pfeffer abschmecken und über die Kaninchenkeulen gießen. Dazu Brot oder Reis servieren.

■ Pro Portion: 1834/438 kJ/kcal 53 g Eiweiß • 19 g Fett 6 g Kohlenhydrate • 1 g Ballaststoffe • 207 mg Cholesterin

Info

Wenn Sie keine Kaninchenkeulen bekommen, können Sie dieses Gericht auch mit einem ganzen Kaninchen zubereiten. Dazu die Vorder- und Hinterläufe am besten mit einer Geflügelschere im Gelenk abtrennen, den Rücken quer in zwei Teile zerlegen. Die etwas fetteren Bauchlappen und Rippen sollten Sie nicht mitverwenden.

ZUTATEN FÜR 4 PORTIONEN

4 KANINCHENKEULEN (À 400 G)
JODSALZ
SCHWARZER PFEFFER
150 G MÖGLICHST KLEINE ZWIEBELN
2 KNOBLAUCHZEHEN
8 COCKTAILTOMATEN
1 LORBEERBLATT
1 GEWÜRZNELKE
1/4 ZIMTSTANGE
1 PRISE ZUCKER
200 ML GRIECHISCHER ROTWEIN
100 ML FLEISCHBRÜHE
AUSSERDEM:
1 STÜCK BRATSCHLAUCH

ZUBEREITUNGSZEIT:
20 MINUTEN
BRATZEIT:
45 MINUTEN

Schmorgerichte sind in Griechenland besonders beliebt. Die Kaninchenkeulen beweisen, warum.

Entenbrust mit
Brokkoli und Cashewnüssen

1. Entenbrustfilet waschen, trockentupfen und in knapp 1 Zentimeter breite Streifen schneiden. Die Stärke darüber stäuben und festdrücken.

2. Den Brokkoli waschen, putzen und in kleine Röschen zerteilen. Die Stiele schälen und in 1 Zentimeter große Würfel schneiden. Würfel in sprudelnd kochendem Salzwasser 2 Minuten, die Röschen nur 1 Minute blanchieren. Anschließend eiskalt abschrecken und gut abtropfen lassen.

3. Die Schalotten schälen und vierteln. Knoblauch und Ingwer schälen, fein hacken. Sojasauce mit Reiswein oder Sherry und Brühe verrühren.

4. Das Öl in einem Wok oder in einer hochwandigen Pfanne erhitzen. Die Cashewnüsse darin anbraten, herausheben. Das Fleisch im Bratfett bei starker Hitze unter Rühren rundherum knusprig braten. Herausheben und beiseite stellen.

5. Knoblauch und Ingwer im verbliebenen Fett anbraten. Den Brokkoli und die Schalotten dazugeben, bei starker Hitze unter ständigem Rühren 2 Minuten pfannenrühren. Leicht salzen.

6. Die Würzmischung zum Gemüse gießen und einmal aufkochen lassen. Das Fleisch unter das Gemüse mischen, heiß werden lassen. Mit Salz und Pfeffer abschmecken. Die Cashewnüsse grob hacken und darüber streuen. Dazu passt Patnareis.

■ Pro Portion: 1522/364 kJ/kcal
25 g Eiweiß • 23 g Fett
13 g Kohlenhydrate • 5 g Ballaststoffe • 0,2 mg Cholesterin

ZUTATEN FÜR 4 PORTIONEN

350 G ENTENBRUSTFILET

1 TL SPEISESTÄRKE

600 G BROKKOLI

JODSALZ

3 SCHALOTTEN

1 KNOBLAUCHZEHE

1 STÜCK FRISCHER INGWER (2 CM)

2 EL HELLE SOJASAUCE

2 EL REISWEIN, ERSATZWEISE TROCKENER SHERRY

100 ML HÜHNERBRÜHE

3 EL RAPSÖL

50 G CASHEWNÜSSE

SCHWARZER PFEFFER

ZUBEREITUNGSZEIT:
40 MINUTEN

Info

Wer noch etwas mehr Fett sparen möchte, entfernt die Haut des Entenbrustfilets vor dem Kleinschneiden. Die Entenbruststreifen sollten dann nur sehr kurz angebraten werden – wer mag, isst sie innen noch leicht rosa –, sonst werden sie trocken.

Die zarte Entenbrust mit knackigem Brokkoli schmeckt mindestens so gut wie »beim Chinesen«.

Zitronen-Knoblauch-
Hähnchen

ZUTATEN FÜR 4 PORTIONEN

7 HÄHNCHENKEULEN

2 KLEINE UNBEHANDELTE ZITRONEN

2 ZWEIGE ROSMARIN (ERSATZWEISE
2 EL GETROCKNETE ROSMARINNADELN)

2 TL KALTGEPRESSTES OLIVENÖL

JODSALZ

SCHWARZER PFEFFER

500 G FEST KOCHENDE KARTOFFELN

5–6 KNOBLAUCHZEHEN

AUSSERDEM:

1 STÜCK BRATSCHLAUCH

ZUBEREITUNGSZEIT:
25 MINUTEN

GARZEIT:
35 MINUTEN

1. Den Backofen auf 220 °C (Umluft 200 °C, Gas Stufe 4–5) vorheizen. Die Hähnchenkeulen im Gelenk durchschneiden, häuten und trockentupfen.

2. Die Zitronen heiß waschen, abtrocknen und die Schale abreiben. Zitronen filetieren, dabei den Saft auffangen. Den Rosmarin waschen, trockenschütteln, 2 Teelöffel Nadeln abstreifen und sehr fein hacken.

3. Zitronenschale, Rosmarinnadeln, Öl, 1/4 Teelöffel Salz und etwas Pfeffer vermischen. Die Hähnchenkeulen damit einreiben. Die Kartoffeln schälen, würfeln, salzen und pfeffern. Den Knoblauch schälen. Hähnchenkeulen, Kartoffeln, Knoblauch, Zitronenfilets, Zitronensaft und den restlichen Rosmarin in den Bratschlauch füllen. Verschließen und oben einstechen. Den Bratschlauch auf den kalten Rost legen, die Fettpfanne darunter schieben.

4. Alles im heißen Backofen in etwa 35 Minuten goldbraun braten. Die Keulen aus dem Bratschlauch heben und mit den restlichen Zutaten anrichten.

■ Pro Portion: 2455/587 kJ/kcal
51 g Eiweiß • 32 g Fett
22 g Kohlenhydrate • 3 g Ballaststoffe • 192 mg Cholesterin

Gegrillte Hähnchenbrust
auf Ratatouille

1. Hähnchenbrustfilet waschen und trockentupfen. Den Zitronensaft mit Öl, Salz und Pfeffer zu einer Marinade verrühren. Das Fleisch damit einpinseln und zugedeckt zum Durchziehen mindestens 1 Stunde kalt stellen.

2. Für die Ratatouille die Aubergine, Zucchini, Paprikaschoten und den Sellerie waschen und putzen. Zucchini in Scheiben, Paprika in Streifen und den Sellerie in Stücke schneiden.

3. Die Tomaten überbrühen, häuten und würfeln, dabei die Stielansätze entfernen. Zwiebel und Knoblauch schälen, die Zwiebel halbieren und in dünne Ringe schneiden. Thymian und Petersilie waschen und trockenschütteln.

4. Gemüse und Zwiebel in einen Topf geben. Salz, Pfeffer und Öl zufügen. Knoblauch dazupressen. Lorbeerblatt, Thymian und Petersilie zum Gemüse geben. 100 Milliliter Wasser angießen. Alles zugedeckt bei starker Hitze aufkochen lassen, dann bei schwacher Hitze 30 Minuten schmoren.

5. Den Backofen- oder Elektrogrill einschalten. Die Hähnchenbrust in Alugrillschalen legen und unter gelegentlichem Wenden 10 bis 15 Minuten grillen.

6. Die Kräuter aus der Ratatouille entfernen, das Gemüse abschmecken. Die Hähnchenbrust schräg in fingerdicke Scheiben schneiden und mit der Ratatouille servieren.

■ Pro Portion: 981/233 kJ/kcal
25 g Eiweiß • 9 g Fett
58 g Kohlenhydrate • 8 g Ballaststoffe • 58 mg Cholesterin

Info

Ratatouille ist ein provençalischer Gemüseeintopf, der ursprünglich aus Nizza stammt, heute aber in ganz Südostfrankreich verbreitet ist. Zutaten sind die klassischen Sommerfruchtgemüse Aubergine, Zucchini und Tomate, sowie Zwiebeln, Knoblauch und frische Kräuter wie Basilikum, Thymian und Rosmarin. In Olivenöl angebraten, kann das Gemüse auch mit einem Schuss trockenem Weißwein abgelöscht werden. Ratatouille wird gerne zu kurz gebratenen Fleischstücken, zu Braten, Fisch, Geflügel, Omeletts oder Reis serviert. Es schmeckt auch kalt hervorragend und kann als Vorspeise oder Salat gereicht werden.

FÜR 4 PORTIONEN

350 G HÄHNCHENBRUSTFILET
1 EL ZITRONENSAFT
2 TL OLIVENÖL
JODSALZ, SCHWARZER PFEFFER
FÜR DAS RATATOUILLE:
1 AUBERGINE (300 G)
2 ZUCCHINI
JE 1 GELBE UND ROTE PAPRIKASCHOTE
2 STANGEN STAUDENSELLERIE
500 G TOMATEN
1 WEISSE ZWIEBEL
2 KNOBLAUCHZEHEN
2 ZWEIGE THYMIAN
1/2 BUND PETERSILIE
2 EL OLIVENÖL
1 LORBEERBLATT

ZUBEREITUNGSZEIT:
50 MINUTEN
MARINIERZEIT:
1 STUNDE

Lammspieße
mit Kokosreis

1 GROSSE DOSE (850 ML) GESCHÄLTE TOMATEN

1 ZWIEBEL

1–2 KNOBLAUCHZEHEN

JODSALZ

SCHWARZER PFEFFER

1 TL AHORNSIRUP

250 G LANGKORNREIS

500 G LAMMSCHULTER

2 KLEINE GELBE PAPRIKASCHOTEN

2 EL OLIVENÖL

6 EL FLEISCHBRÜHE

3 EL KOKOSRASPEL

1 EL KAPERN

ZUBEREITUNGSZEIT:
50 MINUTEN

1. Die Tomaten in einem Sieb abtropfen lassen, den Saft auffangen. Tomaten in Stücke schneiden. Zwiebel und Knoblauch schälen und fein würfeln. Mit den Tomaten samt Saft in einen Topf geben. Mit Salz, Pfeffer und Ahornsirup würzen. Aufkochen und zugedeckt bei schwacher Hitze 20 Minuten kochen lassen.

2. Inzwischen den Reis nach Packungsangabe garen. Das Lammfleisch waschen, trockentupfen und würfeln. Die Paprikaschoten waschen, putzen und in Stücke schneiden. Dann im Wechsel mit dem Fleisch auf Spieße stecken.

3. In einer großen Pfanne 1 1/2 Esslöffel Olivenöl mit der Brühe erhitzen. Die Spieße darin in etwa 20 Minuten garen. Salzen und pfeffern.

4. Kokosraspel in einer Pfanne ohne Fett anrösten und unter den Reis mischen. Die Kapern und das restliche Olivenöl unter die Tomatensauce rühren, abschmecken. Lammspieße, Sauce und Reis auf Tellern anrichten.

■ Pro Portion: 2270/542 kJ/kcal
33 g Eiweiß • 18 g Fett
60 g Kohlenhydrate • 6 g Ballaststoffe • 86 mg Cholesterin

Info

Reis ist bei vielen Völkern ein wichtiges Grundnahrungsmittel. Die meisten Nährstoffe stecken in den dunklen Reisschalen. Werden sie abgetrennt, bleibt der geschälte, weiße vitalstoffarme Reis zurück. Eine gute Alternative sind somit der braune oder Vollkornreis sowie der Parboiled-Reis, bei dem durch ein spezielles Dampfdruckverfahren Vitamine und Mineralstoffe vor dem Schälen ins Innere des Reiskorns gepresst werden.

Gebratenes Gemüse
mit Schweinefleisch

1. Glasnudeln und Pilze getrennt in lauwarmem Wasser 30 Minuten einweichen.

2. Das Schweinefleisch in dünne Scheiben schneiden. Mit je 1 Esslöffel Sojasauce und Sherry, dem Zucker und der Stärke vermischen.

3. Die Bambussprossen abtropfen lassen, in dünne Streifen schneiden. Das Gemüse waschen und putzen. Zuckerschoten quer halbieren, Paprikaschoten in dünne Streifen schneiden und die Frühlingszwiebeln schräg in 1 Zentimeter breite Stücke schneiden. Den Ingwer schälen und fein würfeln, die Chilischote fein zerbröseln.

4. Eingeweichte Glasnudeln und Pilze abtropfen lassen. Die Erdnüsse grob hacken. Rapsöl im Wok oder in einer großen hochwandigen Pfanne erhitzen, das Fleisch darin unter Rühren scharf anbraten. Herausheben und beiseite stellen. Den Ingwer und die Chilischote im verbliebenen Bratfett anbraten.

5. Pilze, Zuckerschoten, Paprika und Frühlingszwiebeln dazugeben, unter ständigem Rühren bissfest braten. Das angebratene Fleisch, die abgetropften Nudeln und die Bambussprossen zum Gemüse geben und unterheben. Alles heiß werden lassen.

6. Restliche Sojasauce, übrigen Sherry, die Brühe und das Sesamöl verrühren, angießen und einmal aufkochen lassen. Das Gericht mit Salz und Pfeffer abschmecken, mit Erdnüssen bestreut servieren. Dazu schmeckt Reis.

■ Pro Portion: 2099/501 kJ/kcal
29 g Eiweiß • 19 g Fett
52 g Kohlenhydrate • 11 g Ballaststoffe • 53 mg Cholesterin

Info
Glasnudeln sind sehr dünne, gläsern aussehende Nudeln, die aus Mungobohnen-, Reis- oder Sojamehl hergestellt werden. Sie müssen nicht vorgekocht, sondern nur eingeweicht werden.
Tongu-Pilze sind getrocknete Shiitakepilze, die nachgewiesenermaßen den Blutdruck und den Cholesterinspiegel senken. Glasnudeln und Tongu-Pilze sind im Asienladen und in gut sortierten Supermärkten erhältlich.

ZUTATEN FÜR 4 PORTIONEN

200 G GLASNUDELN
2 EL TONGU-PILZE
300 G SCHWEINESCHNITZEL
3 EL SOJASAUCE
3 EL SHERRY
1 TL ZUCKER
2 TL SPEISESTÄRKE
100 G BAMBUSSPROSSEN (AUS DER DOSE)
200 G ZUCKERSCHOTEN
JE 1 ROTE UND GELBE PAPRIKASCHOTE
1 BUND FRÜHLINGSZWIEBELN
1 STÜCK FRISCHER INGWER (3 CM)
1 GETROCKNETE CHILISCHOTE
50 G GERÖSTETE, UNGESALZENE ERDNÜSSE
3 EL RAPSÖL
100 ML GEMÜSEBRÜHE
2 TL SESAMÖL
JODSALZ
SCHWARZER PFEFFER

ZUBEREITUNGSZEIT:
45 MINUTEN

Das beste Kochstück vom Rind ist gar kein Kunststück.

Tafelspitz
mit Bouillongemüse

ZUTATEN FÜR 4–6 PORTIONEN

1 ZWIEBEL

3 L RINDERBRÜHE

2 LORBEERBLÄTTER

1 EL WEIßE PFEFFERKÖRNER

1,5 KG TAFELSPITZ

2 BRÖTCHEN VOM VORTAG

4 AROMATISCHE ÄPFEL

1 EL OBSTESSIG, 1 TL ZUCKER

1 EL RAPSÖL

1 STÜCK MEERRETTICH (3 CM)

400 G FEST KOCHENDE KARTOFFELN

400 G MÖHREN

ZUBEREITUNGSZEIT:
30 MINUTEN

GARZEIT:
3 STUNDEN

1. Zwiebel schälen und vierteln. Mit Brühe, Lorbeerblättern und Pfefferkörnern aufkochen. Den Tafelspitz in die kochende Brühe legen. Hitze auf kleinste Stufe zurückschalten und zugedeckt 3 Stunden ziehen lassen.

2. Die Brötchen in dünne Scheiben schneiden und in 100 Milliliter Tafelspitzbrühe einweichen. Die Äpfel schälen, entkernen, grob würfeln und mit dem Essig vermischen. Mit Zucker im Öl 5 Minuten dünsten. Den Meerrettich schälen und grob raspeln. Äpfel zerdrücken, mit Brötchen und Meerrettich vermischen.

3. Die Kartoffeln schälen und würfeln. Die Möhren schälen und in Scheiben schneiden. Die Kartoffelwürfel in 500 Milliliter Tafelspitzbrühe 10 Minuten garen, Möhrenscheiben zufügen, weitere 5 bis 10 Minuten kochen.

4. Fleisch aus der Brühe nehmen, in Scheiben schneiden. Mit Gemüse und Apfelmeerrettich anrichten.

■ Bei 6 Personen pro Portion:
2042/487 kJ/kcal
57 g Eiweiß • 13 g Fett
33 g Kohlenhydrate • 7 g Ballaststoffe • 175 mg Cholesterin

Desserts & Gebäck

Süßes muss nicht
Sünde sein

Dass eine cholesterinarme Ernährung
nicht völligen Verzicht bedeutet, zeigen
Ihnen die nächsten Seiten, frei nach
dem Motto: »Süßes erlaubt!« Lassen
Sie sich herrliche Desserts aus sonnen-
gereiften Früchten und mageren
Milchprodukten schmecken, ja sogar
ein Tiramisu werden Sie finden. Und
auf der Sonntagskaffeetafel erfreuen
Sie Aprikosenkuchen, Beerentorte,
Zwetschgenstrudel und kleine
Makronen.

Dattel-Quark-Creme
mit Orange

1. Die Orange auspressen. Die Datteln halbieren, entsteinen und häuten. 2 Dattelhälften längs in feine Streifen schneiden und beiseite legen. Die restlichen Datteln mit dem Orangen- und Zitronensaft begießen und 20 Minuten ziehen lassen.

2. Den Cremequark mit Vanillezucker glatt rühren. Die Minze waschen und trockenschütteln.

3. Die marinierten Datteln samt Saft fein pürieren. Das Püree locker unter den Quark heben, so dass eine Marmorierung entsteht.

4. Das Dessert in vier Schälchen verteilen. Mit den Dattelstreifen und Minzeblättchen garnieren. Bis zum Servieren kalt stellen.

■ Pro Portion: 975/232 kJ/kcal
18 g Eiweiß • 1 g Fett
37 g Kohlenhydrate • 4 g Ballaststoffe • 1,3 mg Cholesterin

ZUTATEN FÜR 4 PORTIONEN

1 ORANGE
SAFT VON 1/2 ZITRONE
150 G FRISCHE DATTELN
500 G CREMEQUARK (0,2 % FETT)
2 PÄCKCHEN VANILLEZUCKER
MINZEBLÄTTCHEN ZUM GARNIEREN

ZUBEREITUNGSZEIT:
15 MINUTEN
MARINIERZEIT:
20 MINUTEN

Walnussjoghurt
mit Vanille

1. Den Joghurt in einer Schüssel glatt rühren. Die Vanilleschote längs aufschlitzen, mit einem Messer das Mark herauskratzen und unter den Joghurt rühren. Den Joghurt in vier Dessertschälchen verteilen.

2. Die Walnüsse grob hacken, auf den Joghurt streuen. Den Honig spiralförmig auf den Walnussjoghurt laufen lassen. Minze waschen, trockentupfen und den Joghurt damit garnieren.

■ Pro Portion: 651/156 kJ/kcal
7 g Eiweiß • 9 g Fett
12 g Kohlenhydrate • 0,6 g Ballaststoffe • 8 mg Cholesterin

ZUTATEN FÜR 4 PORTIONEN

600 G JOGHURT (1,5 % FETT)
1 VANILLESCHOTE
2 EL WALNUSSKERNE
2 EL FLÜSSIGER HONIG
EINIGE MINZEBLÄTTCHEN

ZUBEREITUNGSZEIT:
10 MINUTEN

Köstliche Exoten und frische Minze machen diesen Obstsalat so unvergleichlich.

Exotischer Obstsalat
mit Sherry

ZUTATEN FÜR 4 PORTIONEN

1 reife Honig- oder Netzmelone

1 Baby-Ananas

1 Papaya

1 Mango

1 Banane

2 EL Limetten- oder Zitronensaft

2 EL Cream-Sherry

Minzeblättchen zum Garnieren

ZUBEREITUNGSZEIT:
20 Minuten

MARINIERZEIT:
30 Minuten

1. Honig- oder Netzmelone quer halbieren, entkernen, schälen und das Fruchtfleisch würfeln.

2. Die Ananas vierteln, schälen und das Fruchtfleisch quer in schmale Spalten schneiden. Papaya längs halbieren, schälen, entkernen und die Hälften in schmale Spalten teilen.

3. Mango schälen, das Fruchtfleisch in großen Streifen vom Stein ablösen und in Spalten schneiden. Banane schälen und schräg in Stücke schneiden.

4. Das Obst in einer Schüssel vorsichtig mischen. Mit Limetten- oder Zitronensaft und Sherry beträufeln und zugedeckt 30 Minuten kalt stellen.

5. Die Minze waschen und trockenschütteln. Die Früchte dekorativ auf vier Tellern arrangieren, mit Minzeblättchen garnieren und leicht gekühlt servieren.

■ Pro Portion: 1133/271 kJ/kcal
3 g Eiweiß • 1 g Fett
58 g Kohlenhydrate • 7 g Ballaststoffe • 0 mg Cholesterin

Rote Grütze
mit Milchreis

1. Frische Beeren waschen, verlesen und abtropfen lassen, tiefgekühlte langsam auftauen lassen. Die Kirschen in einem Sieb abtropfen lassen, dabei den Saft auffangen.

2. Vom Kirschsaft 200 Milliliter abmessen, mit der Hälfte der Vanille und 1 Esslöffel Zucker aufkochen, nach Belieben mit dem restlichen Zucker süßen. Kirschen und Beeren zufügen.

3. Zum Binden die Speisestärke mit 4 Esslöffeln Wasser glatt rühren, unter die Früchte mischen und alles bei schwacher Hitze 2 Minuten kochen lassen. Den Topf mit der Grütze zum Abkühlen beiseite stellen.

4. Den Backofen auf 150 °C (Umluft 130 °C, Gas Stufe 1) vorheizen. In einem feuerfesten Topf den Rundkornreis mit der Milch, der restlichen Vanille, der Zitronenschale und 1 Prise Salz aufkochen und zugedeckt etwa

10 Minuten bei schwacher Hitze garen. Anschließend im Backofen in weiteren 20 bis 30 Minuten ausquellen lassen.

5. Den Milchreis mit Ahornsirup süßen und etwas abkühlen lassen. Mit der Grütze anrichten und mit gehackten Pistazien bestreuen.

■ Pro Portion: 1429/341 kJ/kcal
7 g Eiweiß • 2 g Fett
71 g Kohlenhydrate • 2 g Ballaststoffe • 2 mg Cholesterin

Info

Beeren sind ein ausgesprochen gesundes Naschwerk: Erdbeeren enthalten reichlich Vitamin C und Eisen, Himbeeren helfen mit ihren Ballaststoffen gegen Darmträgheit. Und die schwarzen Johannisbeeren sind absolute Spitzenreiter in punkto Vitamin C: Nur 50 Gramm decken den Tagesbedarf an diesem Vitamin.

ZUTATEN FÜR 4 PORTIONEN

600 G FRISCHE ODER TIEFGEKÜHLTE GEMISCHTE BEEREN
(Z. B. HIMBEEREN, JOHANNISBEEREN, ERDBEEREN, STACHELBEEREN)

200 G SAUERKIRSCHEN
(AUS DEM GLAS)

1/4 TL NATURVANILLE

2 EL ZUCKER

2 GEHÄUFTE EL SPEISESTÄRKE

100 G RUNDKORNREIS (AVORIO)

400 ML MILCH (1,5 % FETT)

2 TL ABGERIEBENE UNBEHANDELTE ZITRONENSCHALE

JODSALZ

2 EL AHORNSIRUP

1 EL PISTAZIENKERNE

ZUBEREITUNGSZEIT:
25 MINUTEN

GARZEIT:
30 MINUTEN

Wer sie nur mit Vanillesauce oder Sahne kennt, sollte die Rote Grütze unbedingt einmal in dieser Kombination kosten.

Buttermilchflan
mit marinierten Erdbeeren

1. Die Gelatine in kaltem Wasser einweichen. Die Limetten heiß waschen, abtrocknen und die Schale abreiben. Limetten auspressen.

2. Von der Buttermilch 1/2 Tasse erhitzen, den Vanillezucker einrühren. Die ausgedrückte Gelatine darin auflösen. Die restliche Buttermilch unter Rühren dazugeben. Limettenschale, Limettensaft und 1 Esslöffel Likör unterrühren. Kalt stellen, bis die Buttermilch zu gelieren beginnt.

3. Sahne und Eiweiß getrennt mit dem Handrührgerät steif schlagen, unter die leicht gelierte Buttermilchmasse heben. In vier kalt ausgespülte Förmchen (mit etwa 150 Milliliter Inhalt) verteilen und 2 Stunden mit Frischhaltefolie abgedeckt kalt stellen.

4. Die Erdbeeren waschen, putzen und in Scheiben schneiden. Den Puderzucker mit dem restlichen Likör verrühren, unter die Erdbeeren mischen und zugedeckt 15 Minuten marinieren.

5. Die Förmchen mit dem Flan kurz in heißes Wasser tauchen und auf Teller stürzen (evtl. am Rand mit einem Messer lösen). Die Erdbeeren um den Flan herum anrichten. Mit Pistazien bestreuen.

■ Pro Portion: 949/227 kJ/kcal
11 g Eiweiß • 8 g Fett
23 g Kohlenhydrate • 3 g Ballaststoffe • 17 mg Cholesterin

Zutaten für 4 Portionen

6 Blatt weiße Gelatine

2 Limetten

500 ml Buttermilch

2 EL Vanillezucker

1–2 EL Orangenlikör

50 g Sahne

2 Eiweiß

500 g Erdbeeren

2 EL Puderzucker

2 EL gehackte Pistazien

Zubereitungszeit:
35 Minuten

Kühlzeit:
2 Stunden

Tipp

Zum Marinieren der Erdbeeren ist auch ein Zitronenlikör (Limoncello) oder Maraschino (ein italienischer Kirschlikör) sehr fein. Möchten Sie lieber auf Alkohol verzichten, legen Sie die Erdbeerscheiben einfach in ein wenig frisch gepressten Limetten-, Zitronen- oder Blutorangensaft ein.

Nektarinen
mit kerniger Füllung

ZUTATEN FÜR 4 PORTIONEN

4 GROßE NEKTARINEN
1 EL GEMAHLENE MANDELN
2 TL FLÜSSIGER HONIG
1 EL KERNIGE HAFERFLOCKEN
2 TL BUTTER ODER MARGARINE

ZUBEREITUNGSZEIT:
15 MINUTEN
BACKZEIT:
15 MINUTEN

1. Den Backofen auf 200 °C (Umluft 180 °C, Gas Stufe 3–4) vorheizen.

2. Die Nektarinen waschen, halbieren und entsteinen. Jeweils an der runden Seite jeder Hälfte einen kleinen, flachen Deckel abschneiden, damit die Nektarinen gerade stehen. Die Fruchthälften leicht aushöhlen.

3. Das Fruchtfleisch fein hacken, mit Mandeln, Honig und Haferflocken vermischen. In die Fruchthälften füllen.

4. Gefüllte Nektarinen nebeneinander in eine flache feuerfeste Form setzen. Die Butter oder Margarine in kleinen Flöckchen darauf verteilen und die Früchte im heißen Backofen 10 bis 15 Minuten überbacken.

5. Die Nektarinen mit dem entstandenen Saft auf Tellern anrichten und noch warm servieren.

■ Pro Portion: 565/135 kJ/kcal
2 g Eiweiß • 4 g Fett
22 g Kohlenhydrate • 4 g Ballaststoffe • 6 mg Cholesterin

Walnussmakronen
mit dunkler Schokolade

ZUTATEN FÜR ETWA 50 STÜCK

FÜR DEN TEIG:
2 EIWEIß
1 PRISE JODSALZ
140 G ZUCKER
160 G GEMAHLENE WALNÜSSE
1 TL ZITRONENSAFT
AUßERDEM:
ETWA 50 BACKOBLATEN MIT 3 CM Ø
100 G DUNKLE KUVERTÜRE
30 G WALNUSSKERNE

ZUBEREITUNGSZEIT:
1 STUNDE

1. Eiweiß mit Salz zu steifem Schnee schlagen, dabei den Zucker einrieseln lassen. Die gemahlenen Walnüsse mit dem Zitronensaft unter den Eischnee heben.

2. Den Backofen auf 150 °C (Umluft 130 °C, Gas Stufe 1) vorheizen. Die Oblaten auf ein mit Backpapier ausgelegtes Backblech setzen. Vom Teig mit zwei Teelöffeln kleine Häufchen auf die Oblaten setzen.

3. Die Makronen im heißen Backofen (mittlere Schiene) in etwa 15 Minuten hell backen. Auf einem Kuchengitter auskühlen lassen.

4. Zerkleinerte Kuvertüre im Wasserbad schmelzen. Walnusskerne hacken. Makronen mit Kuvertüre und Walnüssen verzieren.

■ Pro Stück: 198/47 kJ/kcal
1 g Eiweiß • 3 g Fett
3 g Kohlenhydrate • 0,2 g Ballaststoffe • 0 mg Cholesterin

Tiramisu
»light«

1. Einen Vanillepudding aus dem Puddingpulver, der Milch und 40 Gramm Zucker nach Packungsangabe zubereiten. Den dicken Pudding zugedeckt kalt stellen.

2. Den Cremequark mit dem restlichen Zucker und Vanillezucker so lange schlagen, bis sich der Zucker aufgelöst hat. Den Pudding unterrühren. Die Sahne steif schlagen und unterheben.

3. Eine rechteckige Form mit der Hälfte der Löffelbiskuits auslegen. Espresso mit Weinbrand mischen und die Biskuits damit tränken.

Die Hälfte der Creme darauf verteilen und mit den restlichen Biskuits abdecken. Wieder mit der Espressomischung tränken und mit der restlichen Creme bestreichen.

4. Tiramisu dünn mit Kakao bestäuben und mindestens 3 Stunden im Kühlschrank durchziehen lassen. Auf Zimmertemperatur erwärmt servieren.

■ Pro Portion: 2078/496 kJ/kcal
17 g Eiweiß • 12 g Fett
78 g Kohlenhydrate • 2 g Ballaststoffe • 138 mg Cholesterin

ZUTATEN FÜR 4 PORTIONEN

1 PÄCKCHEN VANILLEPUDDINGPULVER ZUM KOCHEN

250 ML MILCH (1,5 % FETT)

100 G ZUCKER

250 G CREMEQUARK (0,2 % FETT)

1 PÄCKCHEN VANILLEZUCKER

100 G SCHLAGSAHNE

24 LÖFFELBISKUITS (175 G)

125 ML STARKER ESPRESSO

2 EL WEINBRAND

KAKAOPULVER

ZUBEREITUNGSZEIT:
30 MINUTEN
KÜHLZEIT:
3 STUNDEN

Kirschbecher
mit Pumpernickel

1. Die Kirschen in ein Sieb gießen und gut abtropfen lassen. Mit Kirschwasser oder Kirschsaft vermischen.

2. Die Pumpernickelscheiben zerbröseln, mit Zitronenschale und Zitronensaft mischen.

3. Den Quark mit dem Vanillezucker in eine Schüssel füllen und mit einem Schneebesen kräftig aufschlagen.

4. Von den Kirschen und dem Pumpernickel jeweils etwas zum Garnieren beiseite stellen. Vanillequark, Kirschen und Pumpernickel abwechselnd in Bechergläser schichten. Zuletzt mit Kirschen und Pumpernickel garnieren.

■ Pro Portion: 970/231 kJ/kcal
19 g Eiweiß • 1 g Fett
35 g Kohlenhydrate • 2 g Ballaststoffe • 1 mg Cholesterin

ZUTATEN FÜR 4 PORTIONEN

1 GLAS SAUERKIRSCHEN (INHALT 350 G)

4 EL KIRSCHWASSER ODER KIRSCHSAFT

2 SCHEIBEN PUMPERNICKEL

2 TL ABGERIEBENE UNBEHANDELTE ZITRONENSCHALE

2 EL ZITRONENSAFT

500 G CREMEQUARK (0,2 % FETT)

2 PÄCKCHEN VANILLEZUCKER

ZUBEREITUNGSZEIT:
20 MINUTEN

Espresso-Mandel-Gelee
mit Schokoraspeln

ZUTATEN FÜR 4 PORTIONEN

8 Blatt weisse Gelatine
500 ml starker Espresso
4 EL Puderzucker
2 Päckchen Vanillezucker
2–3 EL Kaffeelikör
1/2 TL Zimtpulver
250 ml Milch (1,5 % Fett)
50 g fein gemahlene Mandeln
50 g Bitterschokolade

Zubereitungszeit:
30 Minuten
Gelierzeit:
3 Stunden

1. 5 Blatt Gelatine in kaltem Wasser einweichen. Eine Tasse Espresso erhitzen, nicht kochen lassen. Die ausgedrückte Gelatine darin unter Rühren auflösen.

2. Restlichen Espresso unterrühren, mit Puderzucker, Vanillezucker, Kaffeelikör und Zimt aromatisieren. In vier hohe Gläser verteilen und im Kühlschrank gelieren lassen.

3. Restliche Gelatine einweichen. Die Milch mit den Mandeln vermischen, erhitzen, nicht kochen lassen. Die ausgedrückte Gelatine unter Rühren darin auflösen. Die Mischung etwas abkühlen lassen.

4. Die Mandelmilch auf den gelierten Espresso gießen und ebenfalls fest werden lassen.

5. Vor dem Servieren die Schokolade raspeln und auf das Espresso-Mandel-Gelee streuen.

■ Pro Portion: 931/222 kJ/kcal
10 g Eiweiß • 11 g Fett
13 g Kohlenhydrate • 2 g Ballaststoffe • 1,3 mg Cholesterin

Vereint Dessert und Kaffee perfekt: das Espresso-Mandel-Gelee.

Zitronensorbet
mit Waffeln

1. Den Zucker in einer Pfanne unter Rühren schmelzen und goldgelb karamellisieren lassen. 200 Milliliter Wasser dazu gießen und rühren, bis sich der Karamell gelöst hat. Den Sirup etwas abkühlen lassen.

2. Die Zitronen heiß waschen und abtrocknen. Die Schale dünn abreiben. Alle Zitronen auspressen und 100 Milliliter Saft abmessen. Zitronensaft, -schale und Sirup vermischen und in eine flache Metallschüssel gießen.

3. Die Schüssel ins Gefrierfach stellen und das Eis in etwa 4 Stunden fest werden lassen. Währenddessen alle 30 Minuten kräftig durchrühren, damit es cremig wird. Oder das Eis in einer Eismaschine zubereiten. Das Zitroneneis in Gläser füllen. Mit gewaschenen Minzeblättchen und Eiswaffeln garnieren.

■ Pro Portion: 1435/343 kJ/kcal
2 g Eiweiß • 8 g Fett
62 g Kohlenhydrate • 1 g Ballaststoffe • 48 mg Cholesterin

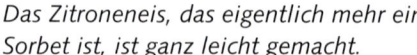

FÜR 4 PORTIONEN

200 G ZUCKER

2–3 UNBEHANDELTE ZITRONEN

2 ZWEIGE MINZE

4 HERZFÖRMIGE EISWAFFELN

ZUBEREITUNGSZEIT:
30 MINUTEN

GEFRIERZEIT:
4 STUNDEN

Himbeereis
auf Kefirbasis

1. Tiefgekühlte Himbeeren antauen lassen. Frische Himbeeren verlesen, nur falls nötig kurz waschen. Die Himbeeren mit dem Stabmixer oder im Mixer fein pürieren und durch ein Haarsieb streichen.

2. Den Tofu grob würfeln, mit Kefir, Ahornsirup und dem Zitronensaft im Mixer auf der höchsten Stufe kurz durchmixen oder fein pürieren. Die Mischung durch ein feines Sieb passieren.

3. Die Tofu-Kefir-Mischung mit dem Himbeerpüree verrühren. Die Sahne steif schlagen und unterheben. Die Eismasse in eine kleine Kastenform oder in Portionsförmchen füllen und im Gefrierfach in etwa 4 Stunden gefrieren lassen oder das Eis in einer Eismaschine zubereiten.

■ Pro Portion: 1225/292 kJ/kcal
12 g Eiweiß • 15 g Fett
21 g Kohlenhydrate • 11 g Ballaststoffe • 27 mg Cholesterin

ZUTATEN FÜR 4 PORTIONEN

600 G HIMBEEREN
(FRISCH ODER TIEFGEKÜHLT)

200 G TOFU (NEUTRAL)

500 ML KEFIR (1,5 % FETT)

4 EL AHORNSIRUP

SAFT VON 1 ZITRONE

100 G SAHNE

ZUBEREITUNGSZEIT:
30 MINUTEN

GEFRIERZEIT:
4 STUNDEN

Traubenfladen
mit Anis und Walnüssen

1. Die Rosinen im Grappa oder Weinbrand einweichen. Die Walnüsse grob hacken. Die Anissamen zerstoßen.

2. Den Zucker in einer kleinen Pfanne bei mittlerer Hitze unter Rühren schmelzen lassen, bis er hellbraun ist. 5 Esslöffel Wasser zufügen und rühren, bis sich der Karamell aufgelöst hat. Den Zuckersirup abkühlen lassen.

3. Die Hefe zerkrümeln und mit der Milch glatt rühren. Mehl mit Hefemilch, Zuckersirup, Öl, Anissamen, Nüssen und den Rosinen verrühren. Anschließend gründlich verkneten. Den Teig zugedeckt etwa 30 Minuten gehen lassen.

4. Die Trauben waschen, abzupfen und halbieren, nach Belieben noch entkernen. Den Backofen auf 180 °C (Umluft 160 °C, Gas Stufe 2–3) vorheizen.

5. Eine Pizza- oder Springform einfetten. Den Hefeteig nochmals kräftig mit den Händen durchkneten, auf wenig Mehl ausrollen, in die Form legen und einen kleinen Rand hochziehen. Die Trauben gleichmäßig auf dem Teig verteilen und mit 1/2 Esslöffel Puderzucker übersieben. Den Fladen im Backofen (2. Schiene von unten) in etwa 30 Minuten backen.

6. Traubenfladen etwas abkühlen lassen, aus der Form lösen, mit dem restlichen Puderzucker bestäuben und lauwarm servieren.

■ Pro Stück: 694/166 kJ/kcal
3 g Eiweiß • 4 g Fett
29 g Kohlenhydrate • 1 g Ballaststoffe • 0,25 mg Cholesterin

ZUTATEN FÜR EINE PIZZA- ODER SPRINGFORM VON 26 CM Ø

ERGIBT 8 STÜCKE
2 EL ROSINEN
2 EL GRAPPA ODER WEINBRAND
2 EL WALNUSSKERNE
1 TL ANISSAMEN
3 EL ZUCKER
10 G FRISCHE HEFE
6 EL LAUWARME MILCH (1,5 % FETT)
160 G MEHL
1 EL OLIVENÖL
350 G BLAUE WEINTRAUBEN
ETWAS ÖL FÜR DIE FORM
ETWAS MEHL ZUM AUSROLLEN
1 EL PUDERZUCKER

ZUBEREITUNGSZEIT:
25 MINUTEN
RUHEZEIT:
30 MINUTEN
BACKZEIT:
30 MINUTEN

Info

Mit frischen blauen Weintrauben, rotem Traubensaft oder hin und wieder einem Glas Rotwein schützen Sie aktiv Ihr Herz-Kreislauf-System. Die in den Schalen der Trauben enthaltenen Gerbsäuren und Farbstoffe schützen die Gefäße vor Arterienverkalkung.

ZUTATEN FÜR EINE SPRINGFORM
VON 28 CM Ø

ERGIBT 16 STÜCKE

FÜR DEN TEIG:

200 G WEIZEN-VOLLKORNMEHL
UND MEHL ZUM AUSROLLEN

135 G KALTE, FESTE
PFLANZENMARGARINE

2 EL PUDERZUCKER

JODSALZ

1 EL WEISSWEIN ODER WASSER

FETT UND MEHL FÜR DIE FORM

FÜR DEN BELAG:

12 BLATT WEISSE GELATINE

1 KG JOGHURT (1,5 % FETT)

2 PÄCKCHEN VANILLEZUCKER

5 EL PUDERZUCKER

SAFT VON 1 ORANGE

500 G GEMISCHTE BEEREN

AUSSERDEM:

ETWA 500 G GETROCKNETE
HÜLSENFRÜCHTE ZUM BLINDBACKEN

ZUBEREITUNGSZEIT:
45 MINUTEN

KÜHLZEIT:
1 STUNDE

BACKZEIT:
30 MINUTEN

GELIERZEIT:
3–4 STUNDEN

Beerentorte
mit Joghurt

1. Für den Teig das Mehl, die Margarine, den Puderzucker, 1 Prise Salz und den Wein oder das Wasser schnell zu einem glatten Teig verkneten. Eine Springform gründlich fetten und mit Mehl bestäuben. Den Teig ausrollen, in die Form legen und einen kleinen Rand hochziehen. Die ausgelegte Form für etwa 1 Stunde kalt stellen.

2. Den Backofen auf 200 °C (Umluft 180 °C, Gas Stufe 3–4) vorheizen. Den Teig mit Backpapier bedecken und die Hülsenfrüchte darauf verteilen. Mürbeteig im Backofen (mittlere Schiene) etwa 10 Minuten blindbacken. Dann Hülsenfrüchte und Papier entfernen und den Boden in etwa 20 Minuten fertig backen. Den Boden auf einem Kuchengitter auskühlen lassen.

3. Die Gelatine in kaltem Wasser einweichen. Den Joghurt mit Vanillezucker, Puderzucker und Orangensaft verrühren. Ausgedrückte Gelatine tropfnass in einen kleinen Topf geben und bei schwacher Hitze auflösen. Unter den Joghurt rühren.

4. Die Beeren waschen, putzen und verlesen. Je nach Sorte auch etwas kleiner schneiden. Etwa 200 Gramm der Früchte zum Garnieren beiseite legen. Die restlichen Beeren unter die Joghurtmasse mischen.

5. Einen Tortenring um den Mürbeteigboden befestigen. Die Joghurtmasse auf den Teig geben und im Kühlschrank in 3 bis 4 Stunden fest werden lassen. Zum Servieren die Torte mit den restlichen Beeren garnieren.

■ Pro Stück: 699/167 kJ/kcal
4 g Eiweiß • 4 g Fett
27 g Kohlenhydrate • 3 g Ballaststoffe • 0,1 mg Cholesterin

Tipp
Möchten Sie lieber auf Gelatine verzichten? Dann können Sie stattdessen auch ein pflanzliches Dickungsmittel wie Agar-Agar nehmen. Es wird aus Meeresalgen gewonnen, ist absolut geschmacksneutral und kalorienfrei. Es wird fein vermahlen, in Flocken-, Stangen- oder Streifenform in Reformhäusern angeboten.

Apfel-Zwetschgen-
Strudel

1. Für den Teig Mehl, Salz und Öl in einer Schüssel vermischen. Nach und nach 80 bis 90 Milliliter lauwarmes Wasser zufügen, so dass ein weicher, geschmeidiger Teig entsteht.

2. Den Teig auf einer leicht bemehlten Arbeitsfläche mit den Händen 10 Minuten kräftig durchkneten. Der Strudelteig soll jetzt elastisch sein und seidig glänzen. Den Teig zu einer Kugel formen, mit einer angewärmten Porzellanschüssel bedecken und 30 Minuten ruhen lassen.

3. Währenddessen für die Füllung die Äpfel vierteln, schälen und das Kerngehäuse entfernen. Äpfel in schmale Spalten schneiden. Die Zwetschgen waschen, abtrocknen, halbieren und entsteinen. Zwetschgen in dicke Spalten schneiden. Den Backofen auf 180 °C (Umluft 160 °C, Gas Stufe 2–3) vorheizen.

4. Den Strudelteig auf einem bemehlten Tuch so dünn wie möglich ausrollen. Mit den Handrücken unter den Teig fahren und von der Mitte aus langsam nach außen ausdehnen. Geduldig weitermachen, bis der Teig hauchdünn ist. Er muss zum Schluss durchsichtig, glatt und ohne Löcher sein. Dicke Teigränder abschneiden.

5. Die Teigplatte mit der Hälfte der zerlassenen Halbfettbutter bestreichen, mit Nüssen bestreuen. Das Obst darauf verteilen, dabei einen 3 Zentimeter breiten Rand lassen. Mit Vanillezucker und Zimt bestreuen.

6. Den Teig an den Seiten über die Füllung schlagen. Den Strudel vorsichtig mit Hilfe des angehobenen Tuches aufrollen und mit der Nahtstelle nach unten auf ein mit Backpapier ausgelegtes Backblech legen. Mit dem restlichen zerlassenen Fett bestreichen. Im Backofen (mittlere Schiene) 45 bis 50 Minuten backen.

7. Für die Sauce Joghurt, Puderzucker, Zitronenschale und Zitronensaft verrühren. Die Vanille untermischen. Den fertigen Strudel mit einem Hauch Puderzucker bestäuben. Noch warm mit der Sauce servieren.

■ Pro Portion: 771/184 kJ/kcal 4 g Eiweiß • 5 g Fett 30 g Kohlenhydrate • 3 g Ballaststoffe • 4 mg Cholesterin

ZUTATEN FÜR 4–6 PORTIONEN

FÜR DEN TEIG:
125 G MEHL
1 PRISE SALZ
1 EL RAPSÖL
1 EL ZERLASSENE HALBFETTBUTTER
MEHL FÜR DIE ARBEITSFLÄCHE
PUDERZUCKER ZUM BESTÄUBEN

FÜR DIE FÜLLUNG:
2 KLEINE SÄUERLICHE ÄPFEL
250 G ZWETSCHGEN
2 EL GEHACKTE HASELNÜSSE
1 PÄCKCHEN VANILLEZUCKER
1 PRISE ZIMTPULVER

FÜR DIE SAUCE:
150 G JOGHURT (1,5 % FETT)
1 EL PUDERZUCKER
1/2 TL ABGERIEBENE UNBEHANDELTE ZITRONENSCHALE
2–3 EL ZITRONENSAFT
1/2 TL NATURVANILLE

ZUBEREITUNGSZEIT:
45 MINUTEN

RUHEZEIT:
30 MINUTEN

BACKZEIT:
45–50 MINUTEN

Strudel, wie er sein soll: außen knusprig, innen fruchtig-saftig und mit einer köstlichen leichten Sauce aufgetischt.

Aprikosenkuchen
mit Mandelstiften

ZUTATEN FÜR 1 BACKBLECH

ERGIBT 20 STÜCKE

FÜR DEN TEIG:

1 WÜRFEL FRISCHE HEFE

1 PRISE ZUCKER, 250 G MEHL

4 EL RAPSÖL, 1 EIWEISS

ABGERIEBENE SCHALE VON
1/2 UNBEHANDELTEN ZITRONE

1 PRISE SALZ

ETWAS FETT FÜR DAS BLECH

FÜR DEN BELAG:

1,5 KG APRIKOSEN

100 G ZUCKER, 50 G MANDELSTIFTE

ZUBEREITUNGSZEIT:
50 MINUTEN

BACKZEIT:
30 MINUTEN

1. Die Hefe zerbröckeln und mit 50 Milliliter lauwarmem Wasser verrühren. Mit Zucker, Mehl, Öl, Eiweiß, Zitronenschale und Salz zu einem glatten Teig verkneten. Falls der Teig zu fest ist, esslöffelweise Wasser unterkneten. Teig zur doppelten Größe aufgehen lassen.

2. Ein Backblech einfetten. Den Hefeteig dünn ausrollen, das Blech damit auslegen. Den Backofen auf 200 °C (Umluft 180 °C, Gas Stufe 3–4) vorheizen.

3. Für den Belag die Aprikosen waschen, halbieren und entsteinen, in dicke Spalten schneiden und auf dem Teig verteilen. Zucker und Mandeln über die Früchte streuen.

4. Den Kuchen im Backofen (mittlere Schiene) etwa 30 Minuten backen, bis er schön gebräunt ist.

■ Pro Stück: 536/128 kJ/kcal
3 g Eiweiß • 4 g Fett
21 g Kohlenhydrate • 2 g Ballaststoffe • 0,25 mg Cholesterin

Rezeptregister

Die Autorin

Marlisa Szwillus arbeitete nach Abschluss ihres Ökotrophologie-Studiums in der Redaktion einer großen Frauenzeitschrift. Später übernahm sie die Leitung des Kochressorts der größten europäischen Foodzeitschrift. Seit 1993 ist sie als freie Foodjournalistin und Kochbuchautorin in München tätig.

Der Fotograf

Rolf Seiffe hat die Liebe zu Wein und Essen zu seinem Beruf gemacht. Er gehört heute zu den renommiertesten Foodfotografen in der Verlags- und Werbebranche.

Bildnachweis

Alle Bilder stammen von Rolf Seiffe, Hamburg mit Ausnahme von:
Gettyone Stone, München: 4 (Bob Torrez), 18 (Joe Polillio); Ifa, München: 6 (IPS); Image Bank, München: 12 (Romilly Lockyer), 17 (Rita Maas); Mauritius, Mittenwald: 9 (age fotostock), 15 (Ripp); Photonica, Hamburg: 5, 8 (Neo Vision)

Hinweis

Das vorliegende Buch ist sorgfältig erarbeitet worden. Dennoch erfolgen alle Angaben ohne Gewähr. Weder Autorin noch Verlag können für eventuelle Nachteile oder Schäden, die aus den im Buch gemachten praktischen Hinweisen resultieren, eine Haftung übernehmen.

Impressum

Der Südwest Verlag ist ein Unternehmen der Econ Ullstein List Verlag GmbH & Co. KG, München.
© 2001 Econ Ullstein List Verlag GmbH & Co. KG München

Lektorat: Martina Solter
Projektleitung: Susanne Kirstein
Bildredaktion: Tanja Nerger
Foodfotografie: Rolf Seiffe
Produktion: Manfred Metzger (Leitung), Annette Aatz
Layout: Reinhard Soll
Umschlagkonzeption: Jan-Dirk Hansen
DTP: Andreas Rimmelspacher, Seehausen

Printed in Italy

Gedruckt auf chlor- und säurearmem Papier

ISBN 3-517-06362-2